100 RECEITAS DE SAÚDE

ALIMENTOS TERAPÊUTICOS

100 RECEITAS DE SAÚDE

ALIMENTOS TERAPÊUTICOS

PUBLIFOLHA

PAULA BARTIMEUS

Para meu mestre espiritual Sri Chinmoy, que por muitos anos tem me ensinado e enriquecido minha vida. Apesar de ele não estar mais no plano terreno, sua presença permanecerá eternamente na minha alma, a me guiar.

The Top 100 Healing Foods foi publicado no Reino Unido e na Irlanda em 2009 pela Duncan Baird Publishers Ltd., 6º andar, Castle House, 75-76 Wells Street, Londres W1T 3QH.

COORDENAÇÃO DO PROJETO: PUBLIFOLHA
Editora-assistente: Mell Brites
Coordenação de produção gráfica: Soraia Pauli Scarpa
Produção gráfica: Mariana Metidieri

PRODUÇÃO EDITORIAL: ESTÚDIO SABIÁ
Tradução: Denise Katchuian Dognini
Preparação de texto: Valéria Braga Sanalios
Revisão: Regina Rodrigues de Lima e Hebe Lucas
Editoração eletrônica: Pólen Editorial

EDIÇÃO ORIGINAL: DUNCAN BAIRD PUBLISHERS
Editora executiva: Grace Cheetham
Editores: Ingrid Court-Jones e Amanda Hemmings
Editora de arte executiva: Suzanne Tuhrim
Projeto gráfico: Luana Gobbo
Fotografias: Simon Smith e Toby Scott
Produção fotográfica: Tessa Evelegh e Helen Trent

Pessoas com restrições alimentares devem ficar atentas aos ingredientes indicados nas receitas.

As fotos deste livro podem conter acompanhamentos ou ingredientes meramente ilustrativos.

Observações sobre as receitas:
1 colher (sopa) = 15 ml
1 colher (chá) = 5 ml
1 xícara = 250 ml

Dados Internacionais de Catalogação na Publicação (CIP)
(Câmara Brasileira do Livro, SP, Brasil)

Bartimeus, Paula
100 receitas de saúde: alimentos terapêuticos / Paula Bartimeus ; [tradução Denise Katchuian Dognini]. – São Paulo : Publifolha, 2010.

Título original: The top 100 healing foods.
ISBN 978-85-7914-259-8

1. Alimentos naturais - Manuais, guias etc 2. Dietoterapia - Manuais, guias etc 3. Doenças causadas pela nutrição 4. Hábitos alimentares 5. Medicina preventiva 6. Nutrição - Manuais, guias etc 7. Nutrição - Saúde - Promoção I. Título.

10-12017 CDD-615.854

Índice para catálogo sistemático:
1. Dietoterapia 615.854 2. Terapia alimentar 615.854

A grafia deste livro segue as regras do Novo Acordo Ortográfico da Língua Portuguesa.

PUBLIFOLHA
Divisão de Publicações do Grupo Folha
Al. Barão de Limeira, 401, 6º andar
CEP 01202-900, São Paulo, SP
Tel.: (11) 3224-2186/ 2187/ 2197

Este livro foi impresso em dezembro de 2010 pela gráfica Corprint sobre papel offset 120g/m^2.

SUMÁRIO

SÍMBOLOS

- bactericida
- anticancerígeno
- anti-inflamatório
- antioxidante
- equilibra a glicemia
- desintoxicante/depurativo
- bom para o coração
- bom para a pele
- bom para o cérebro
- auxilia a digestão
- melhora a imunidade

introdução

"Deixe que o alimento seja seu remédio e seu remédio seja seu alimento."

HIPÓCRATES

Nossos ancestrais conheciam bem o poder curativo dos alimentos naturais e recorriam a eles para combater todos os tipos de doença. Só agora, séculos mais tarde, pesquisadores começam a comprovar os poderes terapêuticos desses alimentos. Na verdade, alguns funcionam melhor que remédios – e, melhor ainda, sem efeitos colaterais.

De maçãs a amêndoas, do mel ao arroz integral, este manual o ajudará a conhecer as propriedades medicinais de muitos alimentos, ensinando quais são indicados para cada tipo de problema. São 100 alimentos que não somente previnem vários problemas de saúde como também ajudam a aliviá-los. Praticamente todos podem ser encontrados em supermercados ou lojas de produtos naturais, exceto dois ou três que devem ser procurados em empórios especializados.

A maior parte dos especialistas concorda que uma dieta rica em alimentos naturais pode ajudar a aliviar queixas comuns, como resfriados, tosses e infecções, e também evitar doenças degenerativas, como artrite e alguns tipos de câncer e de doenças cardíacas. Portanto, a próxima vez que você estiver se sentindo mal, em vez de recorrer ao armário de remédios, abra a geladeira ou vá à despensa, onde, com a ajuda deste livro, com certeza encontrará seu medicamento natural.

Para tornar este manual fácil de usar, os 100 alimentos milagrosos foram divididos em seis partes, identificadas por cores: Legumes e verduras; Frutas; Cereais e leguminosas; Castanhas e sementes; Ervas e temperos. A última parte – Outros – é composta de itens variados. Todos os alimentos contêm uma descrição completa, com informações práticas, uma receita deliciosa e fácil de fazer, uma lista de nutrientes e uma relação de símbolos indicando as propriedades curativas. Além disso, os alimentos "dez estrelas" têm um destaque especial em virtude de suas propriedades, por isso ganham duas receitas. Finalmente, há um índice que o ajudará a encontrar os alimentos facilmente nas páginas correlatas.

ALIMENTOS QUE CURAM

LEGUMES E VERDURAS

Ambos são essenciais ao organismo. Ricos em vitaminas, minerais, fibras e água, ajudam a limpar e alcalinizar o organismo, neutralizando a acidez e eliminando toxinas. Os legumes e verduras também possuem poucas calorias e gorduras (com exceção daqueles ricos em amido, como a batata, o inhame e o cará) e constituem a melhor fonte de fitoquímicos – potentes substâncias vegetais que ajudam a proteger o corpo contra doenças.

Pesquisas científicas apontam que os fitoquímicos desaceleram o processo de envelhecimento e reduzem o risco de doenças coronárias, câncer, hipertensão, catarata, osteoporose e artrite. Muitos deles funcionam como antioxidantes, ajudando a diminuir os efeitos dos radicais livres – moléculas instáveis que danificam as células sanguíneas. Na verdade, os danos causados pelos radicais livres são os principais responsáveis pelo envelhecimento precoce. Os extratos fitoquímicos agem de várias maneiras: estimulando o sistema imunológico, regulando hormônios ou agindo como antivirais e bactericidas. A grande sorte é que todos os legumes e verduras contêm esses componentes, centenas deles já identificados pelos especialistas.

Experimente tornar os legumes e verduras a base de suas refeições e conheça novos meios de incorporá-los à sua dieta, de forma que consuma porções generosas todos os dias. Ao preparar saladas, em vez de limitar-se aos ingredientes básicos como alface, pepino, tomate e cenoura,

incremente, acrescentando uma variedade de ingredientes coloridos, como erva-doce, pimentão, rabanete, beterraba, salsão, agrião, rúcula e nabo. Vegetais cozidos também são recomendados, especialmente no inverno. Para preservar nutrientes frágeis, como a vitamina C, cozinhe-os no vapor, refogue ou asse em vez de fervê-los na água ou adicioná-los a sopas e ensopados. Fazer suco é outra boa maneira de aproveitar os benefícios de forma concentrada.

FRUTAS

Em geral, as frutas contêm mais vitaminas que os legumes e as verduras, embora estes últimos contenham mais sais minerais. A maioria das frutas tem ação desintoxicante e alcalinizante: ajuda o organismo a eliminar toxinas e regula o sistema digestório, estimulando os movimentos peristálticos e aumentando a capacidade de absorção de nutrientes. Elas também são uma ótima fonte de enzimas, açúcares naturais e fitoquímicos que protegem as células.

Como as frutas são rapidamente digeridas (em média, 30 minutos após a ingestão), é melhor consumi-las separadamente de outros alimentos de digestão lenta. Isso previne a fermentação no trato digestivo. A melhor hora para degustá-las é entre as refeições, a não ser que você opte por um café da manhã exclusivamente composto de frutas.

Sejam secas, sejam frescas, são excelente fonte de minerais. O suco de frutas frescas é muito bom para a saúde, mas é melhor consumi-lo diluído em água devido ao seu alto teor de açúcar (frutose). Isso ajudará a diminuir as flutuações da taxa de glicose e o teor calórico, bem como o risco de cáries.

ARMAZENAMENTO ADEQUADO

• Guarde as verduras e legumes na geladeira para retardar a deterioração. É recomendável não lavá-los ou descascá-los até a hora de usar, para manter a película protetora natural, que preserva o frescor. Sacos de papel e geladeira são os melhores meios de acondicionar cogumelos. Não coloque alho, cebola, abóbora nem batata na geladeira – eles se conservam melhor se deixados em um lugar seco e arejado.

• Com exceção das frutas vermelhas (amoras, framboesas, mirtilos, morangos), uva, figo, melão e abacaxi, a maioria das frutas pode ser conservada em temperatura ambiente até amadurecer. Para acelerar o processo, embrulhe-as em jornal ou papel pardo, longe do sol.

• Guarde cereais e leguminosas na despensa, em recipientes hermeticamente fechados e etiquetados com a data de validade. Após cozidos, conserve-os refrigerados por no máximo três dias. Feijão cozido e outras leguminosas também podem ser congelados.

• Óleos vegetais prensados a frio devem ser mantidos na geladeira, exceto o azeite, que se solidifica a baixas temperaturas. Esses óleos podem ficar rançosos quando expostos à luz e ao calor.

• Oleaginosas e sementes também contêm óleo e devem ser mantidas na geladeira, para prevenir a oxidação.

• As ervas frescas conservam-se bem se colocarmos os talos imersos na água, cobrindo com filme de PVC e mantendo-as na geladeira. As ervas secas e os condimentos devem ficar em potes de vidro bem fechados, longe do calor e da luz.

CEREAIS

Os cereais são uma das principais fontes de energia. Os integrais, sobretudo, são ricos em carboidratos de baixo índice glicêmico, que ajudam a manter o organismo. Também são ricos em fibras, que auxiliam a digestão.

Existem dois tipos de fibra: solúvel e insolúvel. As fibras solúveis ajudam a equilibrar as taxas de glicose no sangue e a controlar o colesterol. As insolúveis auxiliam a digestão. Os cereais contêm os dois tipos de fibra.

Alguns grãos como a quinua e o amaranto fornecem proteínas completas ao organismo; outros precisam ser combinados com leguminosas para que as proteínas sejam mais bem assimiladas pelo organismo. Isso pode ser facilmente obtido com as combinações tradicionais – arroz e feijão, por exemplo.

Como as frutas, as verduras e os legumes, os cereais também têm vitaminas, minerais e fitoquímicos com propriedades terapêuticas. A maioria dos cereais possui vitaminas do complexo B, necessárias para a manutenção do metabolismo e do sistema nervoso, e conta com minerais como cálcio e magnésio, além de outros oligoelementos.

Se você for alérgico ou intolerante a glúten (uma proteína presente no trigo, no centeio, na aveia e na cevadinha), há diversos cereais livres de glúten, como o arroz, o milheto, o trigo-sarraceno, a quinua e o amaranto.

LEGUMINOSAS

As leguminosas (sementes comestíveis de certos vegetais) são uma excelente fonte de proteínas (especialmente quando combinadas a cereais), de fibras solúveis e insolúveis e de carboidratos complexos. Isso as torna alimentos energéticos ideais para equilibrar as taxas de glicose no sangue. Também contêm um amplo espectro de minerais e lecitina, um nutriente ótimo para o cérebro. Se as leguminosas lhe provocam gases, adicione folhas de louro ou uma tira de alga kombu durante o cozimento.

CASTANHAS E SEMENTES

Esses alimentos fornecem proteínas, minerais e vitamina E, importantes para a pele, para o sistema reprodutivo e o circulatório. São também repletas de gorduras saudáveis que atuam no controle do colesterol, das inflamações e do equilíbrio hormonal. O alto teor de lipídios as deixa bastante calóricas, por isso devem ser consumidas com moderação. São excelentes salpicadas sobre saladas, entre os cereais, no iogurte, nas sobremesas ou como um lanche instantâneo.

ERVAS E CONDIMENTOS

Além de conferirem sabor e aroma, esses ingredientes incrementam o teor nutricional das refeições. São também excelentes substitutos para o sal e auxiliam a digestão.

Para preservar os nutrientes e o sabor das ervas frescas e desidratadas, acrescente-as ao final do cozimento. Porém, os condimentos devem ser adicionados antes, para apurar bem o sabor. Além de incrementarem o paladar, as ervas e os condimentos são muito utilizados no preparo de chás medicinais (veja o quadro na página ao lado), que ajudam a amenizar vários problemas de saúde.

COMO PREPARAR UM CHÁ MEDICINAL

Coloque em 1 caneca um punhado de ervas frescas ou uma colher (sopa) de ervas desidratadas ou condimentos, despeje água fervente por cima e abafe. Deixe descansar por 10-15 minutos, coe e sirva. Para partes mais duras como talos, raízes e cascas, afervente por 20 minutos. As infusões duram até três dias na geladeira e devem ser consumidas de duas a três vezes ao dia.

OUTROS

Existem alimentos que não se encaixam em nenhuma das categorias mencionadas acima, mas sem eles nenhum livro de alimentos medicinais seria completo. Há os ricos em proteína, como peru, salmão, ovos e iogurte; temperos, como o vinagre de maçã; e adoçantes naturais, como o mel, a caroba, o melaço e o xilitol. O chocolate amargo também apresenta muitas propriedades curativas.

Além disso, você aprenderá sobre alguns dos tesouros orientais, como o missô, o umeboshi e o kuzu, que foram incluídos por suas virtudes medicinais e culinárias.

INFORMAÇÕES ÚTEIS

• Todas as receitas foram planejadas para render quatro porções, embora as quantidades possam variar de acordo com o tamanho da porção.

• Procure utilizar produtos orgânicos, pois eles contêm mais nutrientes e não são tratados com pesticidas químicos, maléficos à saúde.

• Atualmente, as alergias e as intolerâncias alimentares vêm aumentando. Nunca foi tão verdadeiro o seguinte ditado: "O remédio de um é o veneno do outro". Assim, se determinado alimento possui propriedades medicinais, isso não significa que não possa lhe fazer mal. Se você suspeitar que está apresentando reações a algum ingrediente, é recomendável fazer um exame. As alergias mais comuns são a peixes e frutos do mar, carnes, laticínios, ovos, soja, glúten, oleaginosas e leveduras, embora qualquer alimento possa produzir rejeição ao organismo.

• Alguns alimentos medicinais contêm toxinas naturais, que podem agravar determinadas condições de saúde. Felizmente, esses componentes são inibidos durante o cozimento. No entanto, tomate, berinjela e pimentão contêm substâncias chamadas solaninas, que, da mesma forma como as frutas cítricas, podem intensificar os sintomas da artrite.

pepino

NUTRIENTES
Vitaminas B3, B5, C, K, betacaroteno, biotina, folatos; cálcio, iodo, magnésio, manganês, fósforo, potássio, silício, zinco

SALADA DE VERÃO

100 g de folhas de espinafre
1 pepino picado
8 rabanetes em fatias finas
2 cenouras em fatias finas
1 cebolinha picada
2 colheres (sopa) de salsa
1 colher (sopa) de azeite
suco de ½ limão

Junte os vegetais e a salsa em uma tigela grande. Despeje o azeite e o suco de limão e misture bem. Sirva imediatamente.

O alto teor de água e minerais do pepino é responsável por suas propriedades depurativas e hidratantes.

A expressão "fresco como um pepino" provavelmente diz respeito ao alto teor de água desse legume, o que lhe confere propriedades refrescantes e hidratantes. O pepino é uma rica fonte do mineral silício, que compõe os tecidos conjuntivos da pele. Essa característica, aliada ao grande teor de água, mantém as células da pele nutridas e hidratadas. O pepino também é usado topicamente para aliviar problemas de pele, como inchaço nos olhos e queimaduras solares. A presença de vitamina C e ácido cafeico, que aliviam inflamações e atenuam a retenção de líquidos, pode explicar por que o pepino é tão eficiente para a pele.

tomate

Rico em vitamina C, o tomate também contém grande teor de licopeno, um dos fitoquímicos mais poderosos na prevenção do câncer.

A característica especial do tomate é sua alta concentração de licopeno, um carotenoide que lhe confere a cor vermelha. O grande consumo de licopeno tem sido associado à redução da incidência de vários tipos de câncer, como os de próstata, pulmão e estômago. Essa substância protege a pele dos danos causados pelo sol. O tomate é rico em potássio, que regula o equilíbrio hídrico, além de ser uma excelente fonte de vitamina C, que ajuda o sistema imunológico.

NUTRIENTES

Vitaminas B3, B5, B6, C, E, K, betacaroteno, biotina, folatos; cálcio, iodo, ferro, magnésio, manganês, fósforo, potássio, zinco; fibras

Cozinhar os tomates aumenta a liberação de licopeno e suas propriedades anticancerígenas.

RAITA DE TOMATE

30 tomates-cereja
400 ml de iogurte
1 cebolinha picadinha
1 colher (sopa) de folhas de coentro picadinhas
1 colher (sopa) de folhas de hortelã picadas
½ colher (chá) de kümmel moído
sal a gosto

Corte os tomates em quatro, coloque-os em um prato refratário e leve ao forno até amolecerem. Deixe esfriar e disponha numa tigela. Acrescente o iogurte, a cebolinha, o hortelã, o coentro, o kümmel e o sal. Misture bem e sirva como uma pasta.

pimentão vermelho

NUTRIENTES

Vitaminas B3, B6, C, E, K, betacaroteno, biotina, folato; cálcio, iodo, magnésio, ferro, manganês, fósforo, potássio, zinco; fibras

A grande variedade de nutrientes deste legume colorido o torna um superaditivo para a imunidade.

O pimentão vermelho tem alto teor de água, o que ajuda a eliminar as toxinas do organismo. Também tem muita vitamina C e betacaroteno, ótimos para prevenir infecções e resfriados e fortalecer o sistema imunológico. Uma porção de 150 g contém a quantidade diária dessas vitaminas de que um adulto necessita. O pimentão vermelho é um dos poucos alimentos com licopeno, um antioxidante de propriedades anticancerígenas.

MOLHO DE PIMENTÃO VERMELHO

2 pimentões vermelhos picados sem sementes
250 g de castanha de caju
1 colher (chá) de dill desidratado
1 dente de alho
uma pitada de pimenta-do-reino

Passe todos os ingredientes no processador até a mistura ficar cremosa. Sirva com cereais ou legumes no vapor ou como recheio de sanduíches.

erva-doce

Este bulbo de cor verde-clara contém substâncias antioxidantes que previnem doenças. Pode ser consumido cru ou cozido.

A erva-doce é um diurético natural e fortalece o fígado, os rins e o baço. Como muitos legumes, contém fitoquímicos, como a rutina, a quercetina e o kampferol, que têm ação antioxidante. A rutina fortalece as paredes dos capilares, melhorando a circulação, ao passo que a quercetina inibe crises inflamatórias como a asma. Foi descoberto, ainda, que o kampferol reduz o risco de doenças coronárias. O anetol, outro componente da erva-doce, é antiespasmódico, prevenindo cólicas intestinais frequentes nas pessoas que sofrem da síndrome do cólon irritável.

NUTRIENTES

Vitaminas B3, B5, C, E, K, betacaroteno, biotina, folato; cálcio, iodo, ferro, magnésio, manganês, fósforo, potássio, selênio, zinco; fibras

ERVA-DOCE REFOGADA

1 colher (chá) de azeite
2 bulbos de erva-doce picadinhos
8 dentes de alho
pimenta-do-reino moída na hora

Aqueça o azeite, adicione a erva-doce, o alho e frite até ficar macio. Tempere com a pimenta-do-reino. Sirva como guarnição ou com algum tipo de torrada integral e queijo.

salsão (aipo)

NUTRIENTES

Vitaminas B3, B5, C, E, K, biotina, folato; cálcio, iodo, ferro, magnésio, manganês, molibdênio, fósforo, potássio, selênio, sódio, zinco; fibras

O salsão (ou aipo) concentra os compostos terapêuticos mais fantásticos. Três palitos de salsão por dia suprem as necessidades de uma das cinco porções diárias recomendadas de legumes e verduras.

O suor causado pela prática de exercícios vigorosos ou devido a febres nos faz perder minerais essenciais ao organismo. O suco de salsão, com seu alto teor de água, potássio e sódio, pode ajudar a repor essa perda, hidratando e restaurando o equilíbrio eletrolítico do corpo. Como esse suco tem sabor forte, é interessante misturá-lo com frutas, por exemplo.

As folhas do salsão podem ser picadas para o uso em sopas e saladas.

SALADA WALDORF CLÁSSICA

5 talos de salsão (aipo) fatiados
2 maçãs picadas
1 cacho médio de uvas brancas sem sementes
1 cebolinha picada
um punhado de nozes picadas
2 colheres (sopa) de maionese
2 colheres (sopa) de iogurte
½ colher (chá) de sementes de aipo (ou de gergelim)
pimenta-do-reino moída na hora a gosto

Junte o salsão, as maçãs, as uvas e as nozes em uma tigela. Em outro recipiente, misture os demais ingredientes. Mexa tudo muito bem e sirva imediatamente.

REDUZ EFEITOS DO ESTRESSE

Com sua alta concentração de minerais, o salsão ajuda a normalizar o pH no organismo. A acidez causada pelo estresse ou pela ingestão de certos alimentos pode gerar inúmeros problemas de saúde. O salsão combate essa acidez, reduz a fadiga, dores reumáticas e nas articulações.

CONTROLE DA PRESSÃO ARTERIAL

Além de ser um diurético natural, o salsão ajuda a abaixar a pressão arterial. Compostos conhecidos como fitalídeos contribuem para o relaxamento da musculatura das paredes arteriais, permitindo que os vasos dilatem. Isso faz com que o sangue tenha mais espaço para circular, abaixando a pressão arterial. Outros compostos medicinais desse vegetal são as cumarinas, que fortalecem o sistema imunológico.

SALSÃO COM QUEIJO COTTAGE E CEBOLINHA

6 talos de salsão (aipo)
250 g de queijo cottage
um punhado de nozes-pecãs picadas
1 colher (sopa) de cebolinha picada
pimenta-do-reino moída na hora a gosto

Corte os talos de salsão em pedaços médios. Misture o queijo cottage, as nozes, a cebolinha e a pimenta e recheie o salsão. Sirva no almoço e no jantar como acompanhamento ou no lanche.

9

alho-poró

NUTRIENTES
Vitaminas B1, B3, B5, B6, C, E, K, betacaroteno, biotina, folato; cálcio, iodo, ferro, magnésio, manganês, fósforo, potássio, selênio, zinco; fibras

Para abaixar o colesterol e manter o coração saudável, inclua o alho-poró em sua dieta regular.

O alho-poró, parente do alho e da cebola, contém muitos componentes medicinais desses dois vegetais. Pesquisas apontam que ele abaixa o colesterol e a pressão arterial – o que o torna excelente para o sistema circulatório. Seu consumo regular também está associado à redução do risco de várias manifestações de câncer, e as vitaminas e os sais minerais presentes auxiliam no equilíbrio da glicemia.

MOLHO DE ALHO-PORÓ E PECÃ

1 colher (sopa) de azeite
1 alho-poró picado
50 g ou ½ xícara de nozes-pecãs
2 colheres (chá) de sementes de mostarda moídas
100 ml ou ⅔ de xícara de leite comum ou de soja
1 colher (chá) rasa de tomilho
½ colher (chá) de caldo de legumes em pó

Aqueça o azeite e refogue o alho-poró até amolecer. Passe no processador com os demais ingredientes até ficar cremoso. Sirva quente ou frio, com batatas ou outros legumes.

berinjela

Este legume versátil protege o cérebro do envelhecimento precoce e pode prevenir infecções.

Ingrediente principal do tradicional prato grego chamado mussaca, a berinjela contém muitas substâncias benéficas, como a nasunina, um flavonoide que protege as células nervosas dos danos causados pelos radicais livres, retardando o processo de envelhecimento. Outro componente medicinal desse legume é o ácido clorogênico, cujas propriedades antivirais, bactericidas e antifúngicas protegem o organismo contra infecções.

NUTRIENTES

Vitaminas B3, C, K, biotina, folato, betacaroteno; cálcio, iodo, ferro, magnésio, manganês, fósforo, potássio, selênio, zinco; fibras

BERINJELA GRATINADA

2 berinjelas
2 colheres (sopa) de azeite
100 g de queijo cheddar ou uma opção sem lactose, como tofu

Fatie a berinjela e besunte com o azeite. Arrume as fatias em um refratário de forma que se sobreponham, cubra com papel-alumínio e asse em forno preaquecido a 220°C por 25 minutos. Descubra e deixe no forno por mais 10 minutos. Acrescente o queijo por cima e leve ao grill do forno até derreter.

aspargo

NUTRIENTES
Vitaminas B1, B3, B5, C, E, K, betacaroteno, biotina, folato; cálcio, ferro, magnésio, manganês, fósforo, potássio, selênio, zinco; fibras

Muito nutritivo e saboroso, tem baixo teor calórico e muitas propriedades benéficas.

É uma fonte excelente de ácido fólico (que previne a má-formação do tubo neural durante a gravidez), de betacaroteno e de vitamina C – substâncias antioxidantes que ajudam a combater o câncer, doenças cardíacas e problemas de visão. O aspargo também tem uma leve ação diurética graças a seu alto teor de potássio e ao aminoácido aspargina. Consumi-lo pode deixar a urina com o odor um pouco mais acentuado, mas esse é um efeito insignificante perto das qualidades. Diz a lenda que ele também é afrodisíaco.

Consuma os aspargos logo que comprar, pois endurecem rapidamente.

SALADA DE ASPARGO, OVO E PIMENTÃO

10 aspargos picados
1 pimentão vermelho em fatias finas
3 colheres (sopa) de azeite
3 ovos cozidos picados
2 colheres (sopa) de cebolinha picada
2 colheres (sopa) de salsa
pimenta-do-reino moída na hora

Cozinhe os aspargos no vapor por 8-10 minutos. Refogue o pimentão em 2 colheres de azeite até amolecer, depois junte os aspargos, os ovos, as ervas e o azeite restante. Misture e tempere com pimenta-do-reino.

alcachofra

A alcachofra tem propriedades medicinais em particular para o fígado, a vesícula e o sistema digestório.

NUTRIENTES
Vitaminas B1, B2, B3, B5, B6, C, E, K, betacaroteno; cálcio, cobre, ferro, magnésio, manganês, fósforo, potássio, selênio, zinco; fibras

Desde a Antiguidade, a alcachofra tem sido usada como auxiliar da digestão e para aliviar incômodos do fígado e da vesícula. Seu componente principal é a cinarina, um fitoquímico que facilita a digestão, em particular de refeições ricas em gordura. Estudos apontam que a cinarina reduz náuseas, dores abdominais, prisão de ventre e flatulência em pessoas com problemas digestivos frequentes. A alcachofra também ajuda a abaixar o colesterol, inibindo sua produção.

MOLHO PICANTE DE ALCACHOFRA

400 g de alcachofra fresca ou corações de alcachofra em conserva
2 colheres (sopa) de óleo de girassol
1 colher (sopa) de suco de limão
½ dente de alho
1 colher (chá) de pimenta vermelha em pó
8 colheres (sopa) de suco de vegetais

Se usar alcachofras frescas, abra as folhas externas e corte as internas. Tire o coração e ferva por cerca de 20 minutos. Para alcachofras em conserva, passe todos os ingredientes no processador até ficar cremoso.

alface

NUTRIENTES
Vitaminas B1, B3, B5, C, E, K, betacaroteno, biotina, folato; cálcio, iodo, ferro, magnésio, manganês, fósforo, potássio, selênio, silício, zinco

SALADA VERDE SUPREMA

3 porções generosas de alface
½ pepino fatiado
100 g de queijo feta em cubos
1 abacate picado
1 porção de agrião
2 colheres (sopa) de cebolinha picada
2 colheres (sopa) de azeite
1 colher (sopa) de vinagre de maçã
sal e pimenta-do-reino moída na hora a gosto

Coloque todos os ingredientes em uma tigela, misture bem e sirva.

Ingrediente básico de saladas, a alface ajuda a limpar o organismo, é calmante e também diurética.

Esta verdura contém um sedativo natural, o lactucário, que relaxa o sistema nervoso e provoca sono. Para cuidar da insônia, tente beber suco de alface antes de se deitar. Com alto teor de potássio, é também um leve diurético, e a clorofila ajuda a desintoxicar o sangue e o fígado. A alface tem outros nutrientes, como o ácido fólico (importante para prevenir má-formação fetal), betacaroteno e vitamina C, duas vitaminas que auxiliam o sistema imunológico.

Escolha as variedades de alface com folhas arroxeadas, pois são mais nutritivas.

radicchio

Esta verdura atraente de folhas avermelhadas acrescenta seu poder antioxidante às saladas.

Muito usado na dieta mediterrânea, o radicchio sempre foi reverenciado por seus efeitos depurativos. Além disso, está na lista dos dez antioxidantes mais poderosos. Rico em antiocinas, fitoquímicos que ajudam a fortalecer os capilares sanguíneos inibindo as inflamações (como asma e artrite), ainda alivia problemas circulatórios.

NUTRIENTES

Vitaminas B1, B2, B3, B5, B6, C, E, K, betacaroteno, folato; cálcio, cobre, ferro, magnésio, manganês, fósforo, potássio, selênio, zinco

RADICCHIO COM VAGEM E FAVAS

1 radicchio
um punhado de amendoins
1 colher (sopa) de salsinha picada
100 g de vagem picada
100 g de favas verdes
3 colheres (sopa) de azeite
suco de ½ limão

Arrume as folhas de radicchio em uma travessa, com os amendoins e a salsinha. Cozinhe as vagens no vapor por 8 minutos, as favas por 20 minutos a adicione-as à salada. Misture o azeite e o suco de limão, despeje por cima, mexa bem e sirva.

12

espinafre

NUTRIENTES
Vitaminas B3, B5, B6, C, E, K, betacaroteno, biotina, folato; cálcio, cromo, iodo, ferro, magnésio, manganês, fósforo, potássio, selênio, sódio, zinco; fibras

Esta verdura muito conhecida é um verdadeiro reservatório de nutrientes que protegem contra várias doenças degenerativas.

Com mais de 13 flavonoides antioxidantes, o espinafre reduz o risco de doenças cardíacas, derrames e diversos tipos de câncer. Também é rico em luteína, um composto carotenoide que ajuda a evitar doenças degenerativas nos olhos. Além disso, o espinafre é um excelente alimento para os ossos, pois contém cálcio e magnésio e também vitamina K, que tem um papel importante na mineralização óssea.

PASTA DE QUEIJO E ESPINAFRE

1 cebola picada
1 colher (sopa) de azeite
2 dentes de alho amassados
55 g de pinholes
225 g de folhas novas de espinafre
250 g de queijo ralado

Refogue a cebola no azeite, junte o alho e os pinholes, depois o espinafre e deixe até murchar. Drene a água e adicione o queijo, mexendo até derreter. Use para rechear panquecas ou legumes ou como patê, em torradas.

13

agrião

Com mais de 15 vitaminas e minerais, o agrião possui o status de superalimento.

Proporcionalmente, o agrião contém mais cálcio que o leite, mais ferro que o espinafre e tanta vitamina C quanto a laranja, o que o qualifica como um alimento ótimo para os ossos, o sangue e o sistema imunológico. É também uma grande fonte de luteína e zeaxantina – tipos de carotenoides que reduzem os riscos de doenças da visão. O agrião contém uma substância chamada isotiocianato, que não só inibe o crescimento de tumores como também liquida células tumorais.

NUTRIENTES

Vitaminas B1, B3, B5, B6, C, E, K, betacaroteno, biotina, folato; cálcio, iodo, ferro, magnésio, manganês, fósforo, potássio, zinco

SALADA DE CENOURA, LARANJA E AGRIÃO

1 maço de agrião
2 cenouras raladas
1 laranja sem casca picada
1 abacate picado
um punhado de nozes
1 colher (sopa) de orégano fresco picado
1 colher (sopa) de salsa picada
2 colheres (sopa) de óleo de girassol
suco de ½ limão
sal e pimenta-do-reino a gosto

Coloque o agrião, as cenouras, a laranja, o abacate, as nozes e as ervas em uma tigela. Acrescente o óleo, o suco de limão, o sal e a pimenta e misture bem. Sirva imediatamente.

14

quiabo

NUTRIENTES
Vitaminas B1, B3, B5, B6, C, K, betacaroteno, biotina, folato; cálcio, iodo, ferro, magnésio, manganês, fósforo, potássio, selênio, zinco; fibras

QUIABO FÁCIL

2 colheres (sopa) de óleo de girassol
1 cebola picada
1 colher (chá) de pimenta vermelha amassada
1 colher (chá) de kümmel moído
1 colher (chá) de cúrcuma
2 colheres (sopa) de polpa de tomate
350 g de quiabo picado

Refogue a cebola no óleo até amolecer. Acrescente a pimenta, o kümmel, a cúrcuma e a polpa de tomate e cozinhe por 1 ou 2 minutos. Adicione 300 ml de água e o quiabo, e deixe ferver em panela tampada por cerca de 12 minutos, até amolecer. Sirva como guarnição.

Rico em fibras que ajudam a regularizar o intestino e a flora bacteriana, o quiabo é um alimento muito saudável.

Nativo da África, o quiabo faz parte de muitas receitas indianas, caribenhas e do Oriente Médio. Sua maior qualidade é o alto teor de fibras, o que ajuda a equilibrar a glicemia e o colesterol, reduzindo o risco de doenças cardíacas. Ele também age no intestino, prevenindo e aliviando a prisão de ventre. Por soltar um líquido mucilaginoso durante o cozimento, ajuda a engrossar sopas, caldos e molhos.

15

shitake

Este cogumelo de alto valor nutricional tem sido reverenciado na Ásia por milhares de anos tanto como alimento funcional quanto como remédio.

Várias substâncias terapêuticas foram identificadas nesta espécie de cogumelo. O lentinan, por exemplo, não só estimula o sistema imunológico como aparentemente aumenta a produção de interferon, que tem propriedades antivirais e antitumorais e é usado no Japão para o tratamento de câncer, aids, diabetes, síndrome da fadiga crônica e displasia mamária. A eritadenina, outra substância terapêutica, reduz o colesterol, enquanto a tirosinase abaixa a pressão arterial. O shitake é encontrado fresco ou desidratado para o consumo.

NUTRIENTES

Vitaminas B1, B2, B3, B5, B6, C; cálcio, cobre, ferro, magnésio, manganês, fósforo, potássio, selênio, zinco; fibras; proteína; ácido graxo essencial ômega-6

SALADA DE COGUMELOS FRITOS

3 punhados de verduras sortidas para salada
1 maço de agrião
4 colheres (sopa) de azeite
450 g de shitake
8 dentes de alho amassados
pimenta-do-reino moída na hora

Coloque as verduras em uma tigela. Aqueça 3 colheres de azeite e refogue o shitake e o alho até amolecer. Junte o refogado às verduras e misture bem. Tempere com pimenta a gosto e sirva.

16

abacate

NUTRIENTES
Vitaminas B1, B2, B3, B5, B6, C, E, K, betacaroteno, biotina, folato; cálcio, cobre, iodo, ferro, magnésio, manganês, fósforo, potássio, zinco; fibras; gorduras monoinsaturadas; lecitina

PASTA SALGADA DE ABACATE

- **2 abacates maduros picados**
- **½ cebola picada**
- **1 dente de alho amassado**
- **2 colheres (sopa) de coentro picado**
- **4 tomates picados**
- **1 pimenta verde sem sementes picada**
- **2 colheres (sopa) de creme de leite fresco ou de iogurte**
- **1 colher (sopa) de suco de limão**
- **1 pitada de pimenta-do-reino**

Passe todos os ingredientes no processador até ficar cremoso. Para que o abacate não escureça, coloque o caroço no meio da pasta e cubra com filme de PVC.

Ao contrário do que se diz, o abacate pode ser benéfico em dietas de emagrecimento.

Banido dos regimes por seu alto teor calórico, na verdade o abacate pode contribuir para a perda de peso, pois satisfaz a fome, aumenta o metabolismo e equilibra a glicemia. Repleto de nutrientes saudáveis, é uma excelente fonte de vitamina E e ácidos graxos monoinsaturados, que ajudam a nutrir a pele e protegem contra derrames e doenças cardiovasculares. Outro lipídio presente nessa fruta deliciosa e cremosa é a lecitina, que melhora as funções cerebrais.

O abacate é um substituto saudável para a manteiga ou margarina, em pães e torradas.

azeitona e azeite

O consumo regular de azeite nos países mediterrâneos pode explicar a saúde de seus habitantes.

Ricos em vitamina E e ácidos graxos monoinsaturados, as azeitonas e o azeite podem abaixar as taxas de colesterol. Esse efeito se deve aos fitoesteróis, que reduzem a absorção do colesterol dos alimentos. A azeitona também contém esqualeno, que protege o coração; oleoeuropeína, que abaixa a pressão arterial; e oleocantal, que alivia inflamações. O azeite pode ser usado para amolecer a cera do ouvido.

NUTRIENTES

Vitaminas E, K, betacaroteno; cálcio, cobre, iodo, ferro, magnésio, manganês, fósforo, potássio, selênio, zinco; ácidos graxos monoinsaturados

Prefira o azeite extravirgem, mais rico em antioxidantes e nutrientes.

SALADA DE MACARRÃO À GREGA

300 g de macarrão integral
3 tomates picados
½ pepino descascado e picado
1 cebolinha picada
100 g de azeitonas pretas
55 g de queijo feta em cubos ou outra opção sem lactose, como tofu
5 colheres (sopa) de salsa picada
sal e pimenta-do-reino moída na hora a gosto

Cozinhe e escorra o macarrão. Acrescente os outros ingredientes, misture bem e sirva.

18

repolho

NUTRIENTES

Vitaminas B1, B3, B5, B6, C, E, K, U, betacaroteno, biotina, folato; cálcio, iodo, ferro, magnésio, manganês, fósforo, potássio, selênio, zinco; fibras

REFOGADO DE REPOLHO E ALHO-PORÓ

2 colheres (sopa) de azeite
½ repolho em tiras
1 alho-poró picado
3 dentes de alho amassados
pimenta-do-reino moída na hora

Refogue o repolho, o alho-poró e o alho no azeite até cozinhar. Tempere com a pimenta e sirva como acompanhamento.

Muitas vezes rejeitado, o repolho tem diversas propriedades medicinais a nos oferecer.

COMBATE O CÂNCER

Como membro da família das crucíferas, o repolho contém muitos componentes poderosos antitumorais, chamados indóis e sulforafanos. Estudos recentes apontam que o consumo de três porções de crucíferas por semana diminui o risco de desenvolver câncer de próstata, de cólon e de pulmão. Além disso, os indóis ajudam a desativar a estrona, uma forma de estrógeno perigosa, em geral associada ao câncer de mama.

AJUDA A CURAR ÚLCERAS

Uma substância presente no repolho, a vitamina U ou S-metilmetionina, tem uma poderosa ação na cura da úlcera de estômago e de duodeno. Quatro copos de suco de repolho por dia amenizam a dor, auxiliando na cura desses tipos de úlcera. O ácido aminoglutâmico presente – com suas propriedades anti-inflamatórias – também ajuda nessa tarefa.

As folhas de repolho podem ser aplicadas topicamente para acelerar a cicatrização de feridas ulcerosas na perna, ferimentos e veias varicosas. Mastites ou inflamações nas mamas, comuns em lactantes, também podem ser aliviadas dessa maneira.

Além disso, o repolho é um aliado na saúde gastrointestinal – o chucrute, prato típico dos povos germânicos, ajuda a manter a flora intestinal saudável.

ASSADO DE REPOLHO E BATATA

1 colher (sopa) de azeite
½ repolho em tiras
3 batatas grandes fatiadas
1 colher (sopa) de margarina
sal e pimenta-do-reino

Aqueça o azeite e 2 colheres (sopa) de água e refogue o repolho por 8 minutos. Enquanto isso, cozinhe as batatas no vapor e amasse-as com a margarina. Acrescente o repolho, tempere com sal e pimenta e misture bem. Coloque em um refratário e asse em forno preaquecido a 200°C por 40 minutos.

19

brócolis

NUTRIENTES
Vitaminas B1, B3, B5, B6, C, E, K, betacaroteno, biotina, folato; cálcio, iodo, ferro, magnésio, manganês, fósforo, potássio, zinco; fibras

Considerados um superalimento, os brocólis contêm uma fantástica combinação de nutrientes.

Parentes do repolho, os brócolis contêm componentes anticancerígenos potentes, como o diindolilmetano e o sulforafano, que agem em conjunto para inibir o crescimento de células tumorais. O diindolilmetano também apresenta atividade antiviral e bactericida. Assim, o consumo regular de brócolis pode proteger contra infecções e até combatê-las. Além disso, eles contêm cálcio e magnésio, que promovem o crescimento ósseo; luteína e zeaxantina, que reduzem o risco de doenças oculares; e vitamina C, que fortalece o sistema imunológico.

SOPA-CREME DE BRÓCOLIS

1 colher (sopa) de azeite
2 cebolas picadinhas
1 dente de alho amassado
1 batata-doce em pedaços
1 tomate picado
750 ml de caldo de legumes
100 g de brócolis picados
croûtons

Refogue a cebola, o alho, o tomate e a batata-doce no azeite por alguns minutos. Acrescente o caldo e os brócolis e deixe ferver por 20 minutos. Bata no liquidificador até ficar cremoso. Reaqueça e sirva com croûtons.

cenoura

Popular por sua capacidade de melhorar a visão, esta raiz pode ser usada em pratos doces ou salgados e até mesmo em sucos deliciosos.

A cenoura é uma das mais ricas fontes de betacaroteno, um carotenoide que é convertido em vitamina A dentro do organismo. Essa vitamina é necessária para manter as funções adequadas da visão, a saúde da pele e dos órgãos reprodutores, além de prevenir e combater resfriados e bronquites. O consumo diário de apenas duas cenouras já pode reduzir os níveis de colesterol. Isso se deve à ação do pectato de cálcio, um tipo de fibra solúvel que confere a crocância desse legume alaranjado.

NUTRIENTES

Vitaminas B1, B3, B5, B6, C, E, K, betacaroteno, biotina, folato; cálcio, iodo, ferro, magnésio, manganês, fósforo, potássio, selênio, zinco; fibras

COQUETEL DE CENOURA E SALSÃO

10 cenouras grandes raspadas
3 beterrabas grandes descascadas
2 talos de salsão (aipo)
2 pimentões verdes
200 g de espinafre
um punhado de salsa

Corte as cenouras, as beterrabas, o salsão e os pimentões em pedaços pequenos e passe no processador com o espinafre e a salsa. Sirva imediatamente.

beterraba

NUTRIENTES
Vitaminas B3, B5, C, folato, betacaroteno; cálcio, iodo, ferro, magnésio, manganês, fósforo, potássio, zinco; fibras; carboidratos

Valorizada por suas propriedades desintoxicantes, a beterraba é um depurativo eficiente.

A beterraba contém o poderoso antioxidante betacianina, que lhe confere a cor vermelha intensa e ajuda a limpar o fígado, a vesícula e os rins, além de aumentar a atividade de enzimas antioxidantes naturais do organismo, que protegem as células contra os danos causados pelos radicais livres. Também é uma rica fonte de açúcares de fácil digestão, e seu alto teor de fibras é útil na prevenção de distúrbios digestivos.

SALADA DE BETERRABA CRUA

2 beterrabas cruas
½ couve-rábano
1 cenoura
2 colheres (sopa) de sementes de girassol
1 colher (sopa) de salsa picada
2 colheres (sopa) de cebolinha
4 colheres (sopa) de iogurte
1 colher (sopa) de azeite
1 colher (sopa) de suco de limão
sal e pimenta-do-reino moída na hora a gosto

Descasque e pique a beterraba, a couve-rábano e a cenoura. Junte-as com as sementes de girassol e as ervas. Misture tudo, acrescente os demais ingredientes e mexa bem.

Para manter a intensidade da cor e reter todos os nutrientes da beterraba, descasque-a apenas depois de cozida.

tupinambo

De sabor adocicado parecido com o das nozes, o tupinambo é uma excelente fonte de carboidratos de liberação lenta. Produzido em pequena escala no Brasil, não é fácil encontrá-lo.

O tupinambo é um tubérculo de cor castanha, de aparência semelhante à do gengibre. É rico em inulina, um tipo de carboidrato que não eleva as taxas de glicose no sangue, portanto ideal para diabéticos. A inulina também estimula o crescimento da flora intestinal, promovendo a saúde do sistema digestório. De alto valor nutricional, esse legume contém boa concentração de ferro, necessário para a formação das células vermelhas do sangue, e seu teor de potássio produz um leve efeito diurético.

NUTRIENTES

Vitaminas B1, B3, C, E, K, betacaroteno; cobre, ferro, magnésio, manganês, fósforo, potássio, selênio; fibras; proteína; carboidratos complexos

Embora seja parente do girassol, o tupinambo se dá melhor em climas frios.

CHIPS DE TUPINAMBO

1 kg de tupinambo
suco de 2 limões
3 colheres (sopa) de azeite
2 folhas de louro
pimenta-do-reino moída na hora

Fatie fininho os tupinambos e coloque em uma assadeira. Espalhe por cima o suco de limão e o azeite. Acrescente as folhas de louro e asse em forno preaquecido a 190°C por cerca de 40 minutos, até ficar macio e dourado. Salpique com pimenta-do-reino a gosto.

23

nabo

NUTRIENTES
Vitamina C, cálcio, ferro, magnésio, fósforo, potássio; fibras

Esta raiz gigante de sabor suave limpa o fígado e ajuda na digestão de gorduras.

O nabo é uma raiz longa e branca, popular na culinária japonesa. Fonte de enzimas ativas, é geralmente servido cru e ralado, como acompanhamento, para auxiliar a digestão de alimentos pesados e gordurosos. O nabo também promove a desintoxicação hepática e tem propriedades mucolíticas. Por ser constituído basicamente de água e poucas calorias, é perfeito para dietas de emagrecimento.

SALADA ORIENTAL

1 nabo descascado
3 cenouras raspadas
½ repolho
2 cebolinhas picadas
1 colher (sopa) de gomásio (sal de sésamo); opcional
2 colheres (sopa) de óleo de gergelim torrado
1 colher (sopa) de vinagre de arroz
sal e pimenta-do-reino moída na hora

Rale o nabo, as cenouras e o repolho. Junte os demais ingredientes e misture bem. Sirva com uma massa e uma proteína, como peixe ou tofu.

inhame

Rico em carboidratos complexos e desprovido de gorduras, o inhame é uma opção bem nutritiva ao arroz e à batata.

O inhame é um tubérculo tropical de sabor leve e requintado. Rico em carboidratos complexos, é uma fonte de energia excelente, uma alternativa deliciosa à batata, porém, com baixo índice glicêmico. É também uma ótima fonte de potássio, o que lhe confere leve ação diurética. Depois de descascado, pode ser cozido em água, no vapor ou assado. Experimente acrescentá-lo a sopas e cozidos.

NUTRIENTES

Vitaminas B1, B3, B5, B6, C, K, betacaroteno, folato; cálcio, cobre, ferro, magnésio, manganês, fósforo, potássio, selênio, zinco; fibras; proteína; carboidratos complexos

INHAME ASSADO PICANTE

4 inhames descascados
3 colheres (sopa) de azeite
1 colher (chá) de pimenta vermelha em pó

Corte o inhame em pedaços e cozinhe no vapor por cerca de 5 minutos. Coloque em uma assadeira e espalhe a pimenta e o azeite. Asse em forno preaquecido a 220°C por 30 minutos. Na metade do tempo, revire os pedaços para assar por igual.

batata

NUTRIENTES
Vitaminas B1, B3, B5, B6, C, K, biotina, folato; cálcio, iodo, ferro, magnésio, manganês, fósforo, potássio, selênio, zinco; fibras; proteína; carboidratos

A batata foi o primeiro vegetal cultivado pelo homem. Barata e versátil, satisfaz.

Condenada por muitos devido ao seu alto teor de carboidratos, a batata só é calórica quando consumida frita ou coberta com manteiga. Contém vários nutrientes, como vitaminas do complexo B, necessárias ao metabolismo; potássio, que auxilia no equilíbrio hídrico; e vitamina C, que aumenta a imunidade. Ela também contém flavonoides, conhecidos por suas propriedades antitumorais e anti-inflamatórias.

ESCALOPES DE BATATA

4 batatas descascadas e fatiadas
2 colheres (sopa) de azeite
sal e pimenta-do-reino moída na hora
200 ml de caldo de legumes

Pincele as fatias de batata com o azeite, tempere e arrume em um refratário, fazendo camadas. Despeje o caldo, cubra com papel-alumínio e asse em forno preaquecido a 220°C por 1 hora. Remova o papel-alumínio e asse por mais 15 minutos, até o líquido evaporar.

26

batata-doce

Boas para sopas, cozidos, saladas, papinha de bebê e sobremesas, as batatas-doces acrescentam sabor, saúde e cor a qualquer refeição.

As batatas-doces-amarelas e as batatas-roxas são conhecidas por sua alta concentração de betacaroteno, que é convertido em vitamina A pelo organismo. Esse nutriente desempenha um papel importante na visão, no crescimento ósseo, na reprodução e na saúde do trato digestivo e respiratório. A batata-doce também tem baixo teor de gorduras e é rica em potássio, o que ajuda a manter o balanço hídrico corporal. Apesar de ser adocicado, esse tubérculo contribui para regular a glicemia e é recomendado para diabéticos.

NUTRIENTES

Vitaminas B1, B3, B5, C, E, betacaroteno, biotina, folato; cálcio, iodo, ferro, magnésio, manganês, fósforo, potássio, selênio, zinco; fibras; proteínas; carboidratos complexos

PURÊ DE BATATA-DOCE

4 batatas-doces picadas
3 cenouras raspadas e picadas
150 g de ervilhas cozidas ou descongeladas
2 colheres (sopa) de manteiga ou margarina
sal e pimenta-do-reino moída na hora

Cozinhe as batatas-doces, as cenouras e as ervilhas no vapor por 20-25 minutos, até ficarem macias. Coloque em uma tigela, acrescente a manteiga, o sal e a pimenta. Amasse até ficar cremoso. Sirva como purê.

27

cará

NUTRIENTES
Vitaminas B1, B3, B5, B6, C, K, biotina, folato; cálcio, iodo, ferro, magnésio, manganês, fósforo, potássio, selênio, zinco; fibras; proteína; carboidratos

Um alimento poderoso, o cará é uma delícia, além de ser uma excelente fonte de carboidratos de liberação lenta.

Preparado como a batata, o cará tem baixo índice glicêmico e é uma boa fonte de energia de longa duração, ótima alternativa para diabéticos e pessoas que querem emagrecer. Rico em potássio e com pouco sódio, regula o equilíbrio hídrico, e a concentração de vitaminas C, B6 e de fibras o torna um alimento saudável.

COZIDO DE CARÁ

2 colheres (sopa) de azeite
1 cebola picada
1 dente de alho amassado
½ cará descascado e picado
2 cenouras raspadas e picadas
1 abobrinha picada
2 talos de salsão (aipo) picados
1 colher (chá) de páprica
300 ml de caldo de legumes
1 colher (sopa) de salsa picada

Aqueça o azeite e refogue levemente a cebola. Adicione o alho, os legumes e a páprica e refogue por 2 minutos. Junte o caldo e deixe ferver, coberto, por 15 minutos. Junte a salsa apenas na hora de servir.

raiz-forte

Usada como medicamento na Idade Média, a raiz--forte tem propriedades bactericidas, diuréticas e estimulantes.

O ardor e o aroma da raiz-forte passam despercebidos até ela ser cortada, liberando seus óleos voláteis. Esses óleos, especialmente o de mostarda, são antibióticos naturais para o tratamento de vários males, como infecções do trato respiratório (tosse e sinusite) e do trato urinário. Essa raiz também estimula a digestão, é diurética e promove a transpiração, aliviando os sintomas da gripe e da febre.

NUTRIENTES

Vitaminas B3, C, K, betacaroteno, folato; cálcio, ferro, magnésio, fósforo, potássio, selênio, zinco

MOLHO DE TOFU E RAIZ-FORTE

250 g de tofu
2 colheres (sopa) de raiz-forte ralada
1 colher (chá) de shoyu
3 colheres (sopa) de óleo de girassol
sal a gosto

Misture todos os ingredientes com 250 ml de água e passe no processador até ficar macio e cremoso. Sirva esse molho acompanhando peixes e legumes.

Misture a raiz-forte ralada com vinagre para que não escureça e fique amarga.

29

abóbora-menina

NUTRIENTES
Vitaminas B1, B3, B5, B6, C, E, K, betacaroteno, folato; cálcio, cobre, ferro, magnésio, fósforo, potássio, selênio, zinco; fibras; proteínas; carboidratos complexos

ABÓBORA-MENINA ASSADA

1 abóbora-menina
1 colher (sopa) de azeite
sal e pimenta-do-reino moída na hora

Corte a abóbora ao meio, no sentido do comprimento, remova as sementes e pincele a polpa com azeite. Asse com a casca virada para cima em forno preaquecido a 220°C por 45 minutos, até ficar macia. Tempere com sal e pimenta a gosto.

Esta popular variedade de abóbora é uma fonte excelente de carboidratos de liberação lenta.

A abóbora-menina é particularmente rica em betacaroteno, que se converte em vitamina A no organismo, necessária para manter a saúde da pele e dos sistemas digestório, respiratório e imunológico. Também contém outros carotenoides, como a betacriptoxantina, que pode reduzir o risco de câncer de pulmão. O extrato de abóbora pode amenizar os sintomas de hiperplasia benigna da próstata.

ágar-ágar

É um hidrocoloide extraído das algas, com baixo teor calórico. Ótima alternativa para os vegetarianos, que não consomem gelatina de origem animal. Pode ser empregado em pratos doces e salgados.

Rico em elementos essenciais, o ágar-ágar é usado tradicionalmente no Japão para aliviar a prisão de ventre. Seu alto teor de fibras ajuda a abaixar os níveis de colesterol e diminui o apetite. A principal função desse alimento na culinária é como gelatina, pois endurece líquidos à temperatura ambiente. Porém, não endurece vinagre nem outros alimentos que contenham ácido oxálico, como chocolate e espinafre.

NUTRIENTES

Vitaminas B2, B3, B5, B6, E, K, folato; cálcio, cobre, iodo, ferro, magnésio, manganês, fósforo, potássio, selênio, zinco; fibras

GELATINA REAL DE FRUTAS

400 g de frutas picadas (pêssegos, morangos, uvas)
600 ml de suco de uva branca
4 colheres (sopa) de ágar-ágar

Coloque as frutas picadas em uma tigela refratária e reserve. Leve o suco de uva e o ágar-ágar ao fogo e afervente por alguns minutos, mexendo sempre, até o ágar-ágar se dissolver. Despeje o líquido sobre as frutas e espere esfriar. Após endurecer, conserve na geladeira.

31

alga kombu

NUTRIENTES

Vitaminas B1, B2, B3, B12, C, betacaroteno; cálcio, iodo, ferro, magnésio, fósforo, potássio, sódio; fibras; proteínas

No Japão, esta alga marinha altamente nutritiva é usada para dar sabor a sopas, caldos e brodos.

Repleta de proteínas e minerais como cálcio, magnésio, potássio, iodo e ferro, a alga kombu aumenta o valor nutricional de qualquer receita. Também promove a boa digestão se colocada no feijão, diminuindo o tempo de cozimento.

DESTRÓI TOXINAS

Os metais pesados são toxinas comuns que podem ser absorvidas pelo corpo e armazenadas em órgãos e tecidos. A alga kombu possui uma molécula fibrosa chamada ácido algínico, que bloqueia a ação de metais pesados como o cádmio, o mercúrio e o chumbo, eliminando-os do organismo.

COMBATE DOENÇAS

Uma substância recém-descoberta na alga kombu, chamada fucoidina, leva as células cancerosas à autodestruição. Extraída de algas marinhas, também está disponível para o consumo na forma de suplementos.

Graças ao seu perfil nutricional e propriedades depurativas, a alga kombu alivia vários incômodos, como reumatismo, artrite, hipertensão e bócio, causado pelo hipotireoidismo.

CALDO DE TOMATES E ALGA KOMBU

1 tira de alga kombu seca
6 tomates secos

Hidrate a alga kombu e os tomates em 1 litro de água por 30 minutos e leve para ferver por 5 minutos. Retire do fogo. Use o líquido para qualquer receita que leve caldo. Pode ser aproveitado para fazer mais caldo ou para adicionar ao feijão ou a cozidos durante o cozimento, a fim de realçar o sabor.

Como é rica em ácido glutâmico – que realça o sabor naturalmente (diferente do glutamato monossódico) –, a alga kombu é ideal para ser acrescentada a caldos, sopas, brodos e cozidos, acentuando o sabor do prato.

COZIDO DE FEIJÃO--BRANCO E ALGA KOMBU

200 g de feijão-branco
1 tira de alga kombu seca
½ alho-poró picado
½ pimentão vermelho picado
200 g de espinafre picado

Deixe o feijão de molho durante a noite. No dia seguinte, escorra e coloque em uma panela com 1 litro de água. Acrescente a alga kombu e deixe ferver com tampa por cerca de 2 horas, até o feijão amolecer. Adicione o alho-poró, o pimentão e o espinafre e cozinhe por mais 15 minutos. Misture bem e sirva.

32

nori

NUTRIENTES

Vitaminas B1, B3, B5, B6, C, E, K, betacaroteno, folato; cálcio, cobre, ferro, magnésio, fósforo, potássio, selênio, zinco; fibras; proteína; carboidratos complexos

Uma folha de nori desidratada contém a mesma quantidade de vitamina A que três ovos.

Usada no sushi, esta alga com sabor de peixe vem sendo cultivada no Japão há milhares de anos. Excelente fonte de proteína, a nori ajuda no crescimento e recuperação dos tecidos, e seu teor de cálcio e ferro nutre os ossos e o sangue. Rica em betacaroteno, ajuda a promover a saúde da pele e do sistema imunológico e retarda o aparecimento de doenças oculares. Também contém uma ínfima quantidade de vitamina B12, por isso é altamente recomendada para vegetarianos.

FRITADA DE BATATA E NORI

2 batatas grandes raladas grosseiramente
1 cebola picadinha
4 ovos
5 colheres (sopa) de alga nori em flocos
1 colher (sopa) de sementes de mostarda moídas
azeite para untar

Esprema as batatas com as mãos para soltar o máximo de água possível, coloque-as em uma tigela e adicione a cebola, os ovos, a nori e as sementes de mostarda. Aqueça o azeite em uma frigideira e despeje a mistura. Amasse a fritada com um garfo e vire, para dourar ambos os lados.

33

wakame

A alga wakame pode ser consumida como salada, no lugar da alface.

Tradicionalmente usada no missoshiro, esta alga tem sabor suave e é uma das mais populares. Excelente fonte de potássio, melhora a saúde cardíaca, mantendo a pressão arterial sob controle. É ainda uma ótima fonte de cálcio, mineral necessário para a manutenção dos ossos, e de magnésio, que alivia os sintomas de estresse e tensão muscular. No Japão, ela é usada como depurativo do sangue, para a saúde da pele e dos cabelos.

NUTRIENTES

Vitaminas B3, B5, C, E, K, betacaroteno, folato; cálcio, iodo, ferro, magnésio, manganês, fósforo, potássio, selênio, sódio; fibras; proteínas; ácidos graxos essenciais ômega-3

BRODO DE WAKAME E MACARRÃO

2 colheres (sopa) de óleo de girassol
1 dente de alho amassado
2 talos de salsão (aipo) picados
1 litro de caldo de legumes
1 colher (sopa) de missô
2 cenouras raspadas e fatiadas
8 tiras de alga wakame picada
50 g de macarrão

Coloque todos os ingredientes (menos o macarrão) em uma panela e deixe levantar fervura, mexendo até o missô dissolver. Afervente, tampado, por 30 minutos. Acrescente o macarrão e cozinhe por mais alguns minutos. Sirva quente.

34

dulse

NUTRIENTES
Vitaminas B1, B2, B3, B6, C, betacaroteno; cálcio, iodo, ferro, magnésio, fósforo, potássio, sódio, zinco; fibras; proteínas

Esta alga arroxeada e picante pode ser usada em saladas, sopas e cozidos ou tostada direto na chama para servir como guarnição.

Rica em potássio, que combate a retenção de líquidos, a dulse é a alga marinha comestível com maior teor de ferro, o que a torna um excelente remédio contra a anemia. Como a maioria dos vegetais marinhos, tem alta concentração de iodo, necessário para a produção dos hormônios da tireoide e para a manutenção dessa glândula. A falta de iodo pode resultar em hipotireoidismo. Consumida em pequenas porções, a dulse pode minimizar enjoos em viagens marítimas.

SALADA MARINHA

3 colheres (sopa) de alga dulse
2 punhados de folhas mistas para salada
½ pepino descascado e picado
1 cebolinha picada
2 colheres (sopa) de óleo de gergelim
1 colher (sopa) de vinagre de arroz
1 colher (sopa) de sementes de gergelim

Hidrate a dulse em água por 3 minutos, escorra e corte em pedaços pequenos com a tesoura. Coloque em uma tigela com as folhas, o pepino e a cebolinha. Adicione o óleo de gergelim e o vinagre de arroz, misture bem e sirva, salpicada com sementes de gergelim.

hijiki

Esta alga preta e filiforme tem um sabor marcante e fica uma delícia adicionada ao arroz, feijão ou refogados.

Rica em minerais, acredita-se que a hijiki contribua para o aspecto forte e brilhante do cabelo dos japoneses. É uma ótima fortificante dos ossos, com mais cálcio que qualquer outra alga, e seu consumo regular ajuda a prevenir osteoporose e outros problemas ósseos. A hijiki também contém boa concentração de fibras, que ajudam a controlar a glicemia e o colesterol. Como a alga kombu, possui a substância fucoidina, que tem ação antitumoral.

NUTRIENTES

Vitaminas B1, B2, B3, B12, betacaroteno; cálcio, iodo, ferro, fósforo, potássio, sódio; fibras; proteínas

OVOS MEXIDOS COM HIJIKI

2 colheres (sopa) de hijiki
1 colher (sopa) de azeite
4 ovos
6 tomates-cereja fatiados
2 colheres (sopa) de cebolinha picadinha
1 colher (chá) de sementes de mostarda moídas
1 dente de alho amassado
sal e pimenta-do-reino moída na hora a gosto

Hidrate a hijiki por 15 minutos, escorra e refogue no azeite por cerca de 8 minutos. Enquanto isso, bata os ovos com os ingredientes restantes. Despeje a mistura sobre a hijiki e cozinhe, mexendo, até que os ovos fiquem firmes, porém macios.

maçã

NUTRIENTES

Vitaminas B3, C, E, K, betacaroteno, biotina, folato; cálcio, cromo, magnésio, manganês, fósforo, potássio, zinco; fibras; carboidratos

Há muitas variedades disponíveis desta fruta que é uma deliciosa fonte de saúde.

O velho ditado "uma maçã por dia mantém o médico longe" é muito verdadeiro. Estudos dizem que a maçã reduz o risco de tumores comuns e protege o cérebro de doenças como o mal de Alzheimer e o Parkinson. Acredita-se que compostos antioxidantes, como a quercetina, a epicatequina e a procianidina sejam responsáveis por essa ação protetora. A maçã contém ainda uma fibra solúvel chamada pectina, que abaixa os níveis de colesterol e regula as funções digestivas.

TORTA CROCANTE DE MAÇÃ E DAMASCO

200 ml de suco de maçã
6 maçãs descascadas e picadas
284 g de geleia de damasco diet
55 g de margarina
115 g de aveia em flocos grossos
3 colheres (sopa) de aveia em flocos finos

Ferva o suco de maçã, acrescente as maçãs e mantenha a fervura até o líquido evaporar. Amasse, acrescente a geleia e espalhe sobre um prato refratário. Misture a margarina com os dois tipos de aveia até obter uma massa. Espalhe sobre as frutas e asse a 180°C por cerca de 30 minutos.

37

pera

Além de ser uma ótima sobremesa ou lanche, tanto a fruta quanto o suco podem ser usados para substituir o açúcar em bolos e cereais matinais.

Geralmente, a pera é a primeira fruta oferecida aos bebês, pois é de digestão leve e fácil. Isso a torna a escolha ideal para pessoas alérgicas a certos alimentos. Suas fibras insolúveis ajudam a eliminar o colesterol, prevenindo doenças cardíacas. A pera também regula a digestão, e sua concentração de vitamina C e de folato aumenta a imunidade.

NUTRIENTES

Vitaminas B3, C, E, K, betacaroteno, biotina, folato; cálcio, iodo, ferro, magnésio, fósforo, potássio, zinco; fibras; carboidratos

PERA AO MOLHO DE ALFARROBA

300 ml de suco de uvas brancas
6 peras descascadas e cortadas ao meio na diagonal
280 g de tofu
3 colheres (sopa) de melado
2 colheres (sopa) de castanhas-do-pará
1 colher (chá) de alfarroba em pó
1 colher (chá) de café descafeinado
2 colheres (sopa) de óleo de girassol

Ferva ⅔ do suco de uva. Junte as peras e deixe ferver por mais 8 minutos, até evaporar. Divida em 4 taças. Passe os demais ingredientes no processador, até ficar cremoso. Sirva sobre a pera cozida.

banana

NUTRIENTES
Vitaminas B2, C, betacaroteno, ácido fólico; cálcio, cobre, iodo, ferro, magnésio, manganês, fósforo, potássio, selênio, zinco; fibras; carboidratos

Doce, cremosa e substanciosa, a banana é a fruta preferida de muitos, do bebê ao idoso.

Com alta concentração de carboidratos de fácil digestão e baixo teor de gorduras, a banana é valorizada por seu poder energético. Por ser uma das maiores fontes de potássio, protege contra a hipertensão e a retenção de líquidos e é particularmente indicada para diarreias, que acarretam a perda de potássio. A banana também contém triptofano, um aminoácido que o organismo converte em serotonina, um neurotransmissor que melhora o humor e promove o relaxamento corporal.

Nunca coloque bananas verdes na geladeira, pois não amadurecerão.

MILK-SHAKE DE BANANA

2 bananas picadas
500 ml de leite
1 colher (sopa) de melado
1 colher (sopa) de essência natural de baunilha
1 colher (chá) de noz-moscada ralada

Bata os quatro primeiros ingredientes no liquidificador até ficar cremoso. Sirva gelado, com uma pitada de noz-moscada.

39

uva

Estas frutinhas deliciosas eliminam as toxinas do corpo, depuram o sangue e limpam o intestino.

Na medicina popular, as uvas são usadas para purificar o sangue, limpar o trato digestivo e deter problemas hepáticos e renais. Seu alto teor de água e fibras a torna um excelente desintoxicante. As uvas também contêm antioxidantes, que combatem o câncer e melhoram a função cardiovascular. Uma dessas substâncias é o resveratrol, encontrado apenas em uvas vermelhas. Ele ajuda a manter o coração saudável, reduzindo o risco de coágulos e relaxando as paredes dos vasos sanguíneos.

NUTRIENTES

Vitaminas B3, B6, C, K, betacaroteno, biotina, folato; cálcio, cobre, iodo, ferro, magnésio, manganês, fósforo, potássio, selênio, zinco; fibras; carboidratos

SANGRIA DE UVAS ROSADAS SEM ÁLCOOL

1 maçã
3 laranjas
1 limão-taiti
1 limão-siciliano
1 colher (sopa) de xarope de agave
1 litro de suco de uva rosada

Fatie a maçã e uma das laranjas e coloque numa jarra. Esprema as laranjas restantes e despeje na jarra, seguido do xarope de agave e do suco de uva. Sirva com pedras de gelo.

cereja

NUTRIENTES
Vitaminas B3, B5, C, betacaroteno, biotina, folato; cálcio, ferro, magnésio, manganês, fósforo, potássio, selênio; fibras; carboidratos

PARFAIT DE CEREJAS

300 g de cerejas sem caroço
500 g de iogurte comum ou leite de soja
150 g de granola
2 colheres (sopa) de coco ralado seco, mais um punhado para servir
1 colher (sopa) de geleia de cereja sem açúcar (opcional)

Passe todos os ingredientes no processador e bata até ficar cremoso. Sirva gelado, salpicado com coco ralado.

Além de ajudar a aliviar a dor e a inflamação, a melatonina natural presente nesta deliciosa frutinha pode melhorar a qualidade do sono.

As cerejas são repletas de antocianinas, antioxidantes que lhe conferem a cor vermelha. Esses componentes benéficos ajudam a inativar certas enzimas que causam inflamação, prevenindo vários tipos de dor. São particularmente efetivas contra a gota – um tipo de artrite que ocorre quando cristais de ácido úrico se acumulam nas articulações, causando dor e inflamação. Estudos apontam também que a cereja pode abaixar as taxas de ácido úrico, limitando a formação dos cristais formadores da gota.

As cerejas podem aliviar ainda a dor causada por artrites ósseas e reumatoides, bem como a fibromialgia – dor em tecidos fibrosos do corpo, como músculos, tendões e ligamentos.

SONO DE QUALIDADE

A cereja contém outros antioxidantes, como o superóxido dismutase (bom para as articulações e para a saúde dos sistemas respiratório e gastrointestinal) e a melatonina – um dos maiores inibidores dos radicais livres já descobertos, ótima para o bom funcionamento do sistema imunológico. Baixos índices desta substância têm sido associados a distúrbios do sono, como a insônia.

A protoantocianidina, outro antioxidante encontrado nas cerejas, tem ação anti-inflamatória e fortalece os vasos sanguíneos, retardando o processo de envelhecimento cutâneo.

COMPOTA DE CEREJA E MAÇÃ

400 g de cerejas sem caroço
3 maçãs picadas
3 colheres (sopa) de suco de maçã
2 colheres (sopa) de iogurte de frutas adoçado

Ferva todos os ingredientes, menos o iogurte, em panela tampada por 8 minutos, mexendo de vez em quando. Sirva com o iogurte.

tâmara

NUTRIENTES

Vitaminas B3, B5, B6, C, K, betacaroteno, biotina, folato; cálcio, cobre, iodo, ferro, magnésio, manganês, fósforo, potássio, selênio, zinco; fibras; carboidratos

Encontradas secas no Brasil, as tâmaras têm uma doçura natural e constituem um lanche muito mais saudável do que as guloseimas feitas com carboidratos refinados.

Naturalmente doce e macia, é perfeita para satisfazer o desejo por doces sem recorrer ao açúcar. Excelente fonte de potássio, importante para manter o equilíbrio hídrico e eletrolítico do organismo, ainda contém fibras, que ajudam a regular as funções intestinais. Seu teor de tanino lhe confere um efeito adstringente, que é particularmente benéfico para problemas intestinais como a diarreia. A medicina tradicional acredita que a fruta possa combater os efeitos nocivos do álcool.

TÂMARAS RECHEADAS

175 g de amêndoas moídas
4 colheres (sopa) de melaço de cana
1 colher (sopa) de essência de amêndoas
12 tâmaras sem caroço
12 amêndoas (ou nozes ou castanhas-do-pará)

Misture os ingredientes ralados, o melaço e a essência de amêndoas até obter uma pasta. Corte as tâmaras no sentido do comprimento, tomando cuidado para não abri-las por inteiro. Recheie com a pasta e enfeite com uma amêndoa.

42

figo

Campeão em cálcio, o figo pode ajudar a elevar os níveis desse mineral importante para os ossos.

Embora não aparente, o figo é uma das maiores fontes de cálcio, essencial para o crescimento dos ossos em crianças e para a manutenção de sua densidade nos adultos. Ele também contém mais fibras do que qualquer outra fruta fresca ou seca, ajudando a promover a sensação de saciedade, contribuindo para o controle da glicemia e promovendo um efeito laxativo, benéfico para quem sofre de prisão de ventre.

NUTRIENTES

Vitaminas B3, B5, B6, C, betacaroteno, biotina, folato; cálcio, cobre, iodo, ferro, magnésio, manganês, fósforo, potássio, zinco; fibras; carboidratos

FIGOS ASSADOS AO MEL

8 figos frescos
4 colheres (sopa) de mel
4 colheres (sopa) de nozes ou castanhas-do-pará picadas
8 colheres (sopa) de iogurte

Retire os talos dos figos e faça um corte em forma de cruz, para abri-los. Misture o mel com as nozes e espalhe sobre cada figo. Asse em um refratário em forno preaquecido a 190°C por cerca de 15 minutos, até os figos ficarem macios. Sirva com o iogurte.

ameixa seca

NUTRIENTES
Vitaminas B2, B3, B5, B6, betacaroteno, folato; cálcio, cobre, iodo, ferro, magnésio, manganês, fósforo, potássio, selênio, zinco; fibras; carboidratos

Com um dos mais altos teores de antioxidantes entre todas as frutas, a ameixa seca tem muito mais do que suas propriedades laxantes a oferecer.

A ameixa seca possui compostos fitoquímicos, como os ácidos neoclorogênico e clorogênico, que ajudam a neutralizar os efeitos nocivos dos radicais livres no organismo, protegendo as células dos danos e retardando o processo de envelhecimento. Consumi-las também é uma forma de ingerir betacaroteno, potássio, ferro e fibras. Além disso, contém um laxante natural chamado difenilisatina, que ajuda a regular a atividade intestinal.

AMEIXAS AROMÁTICAS

250 g de ameixas secas sem caroço
suco de 2 laranjas
uma pitada de canela em pó

Coloque as ameixas em uma panela com o suco de laranja e a canela. Deixe ferver, tampado, por cerca de 15 minutos. Sirva com iogurte no café da manhã ou como sobremesa.

44

mirtilo

Esta fruta vermelha é a número 1 para a proteção das células contra a ação nociva dos radicais livres.

O mirtilo está no topo da lista dos alimentos com ação antioxidante, se comparado a outros 40 legumes, verduras e frutas. A bela cor azulada deve-se às antocianinas, potentes antioxidantes que ajudam a neutralizar substâncias cancerígenas no organismo. Seus outros fitoquímicos são as proantocianinas, que protegem os olhos, a pele e os vasos sanguíneos; e os pterostilbenos, que têm ação contra o diabetes e podem reduzir a demência senil. A fruta é uma ótima fonte de vitamina C e contêm agentes bactericidas.

NUTRIENTES

Vitaminas B3, B5, C, K, betacaroteno, folato; cálcio, ferro, magnésio, manganês, fósforo, potássio, selênio, zinco; fibras; carboidratos

LOUCURA DE MIRTILOS

500 g de tofu
200 ml de suco de maçã
250 g de mirtilos, mais alguns para decorar
300 ml de xarope de agave
100 ml de óleo de girassol
1 colher (chá) de essência natural de baunilha

Bata o tofu e o suco de laranja no processador até obter um creme. Adicione os outros ingredientes e continue batendo, até engrossar. Coloque em taças de sobremesa e sirva gelado, decorado com alguns mirtilos.

45

cranberry

NUTRIENTES
Vitaminas B5, C, K, betacaroteno, folato; cálcio, ferro, magnésio, fósforo, potássio, selênio; fibras; carboidratos

VITAMINA DE CRANBERRIES E BANANA

- **300 ml de suco de cranberry (se possível, sem açúcar)**
- **300 ml de suco de uva branca**
- **2 bananas picadas**
- **10 morangos**
- **400 ml de iogurte comum ou de leite de soja**
- **3 colheres (sopa) de mel**

Bata todos os ingredientes no liquidificador até obter um creme. Consuma imediatamente.

Fruta típica do hemisfério Norte, encontra-se no Brasil na forma de suco.

Muito eficaz no tratamento da cistite, o suco de cranberries contém componentes que interferem na aderência das bactérias às paredes das vias urinárias, permitindo que sejam eliminadas mais rapidamente. Outros componentes dessa fruta milagrosa inibem a formação da placa bacteriana na gengiva, que causa perda dos dentes e gengivite. Os cranberries também atuam contra os tumores e podem prevenir pedras nos rins.

O suco de cranberry pode ser combinado com suco de maçã ou uva.

46

framboesa

Deliciosas e altamente nutritivas, as framboesas são uma ótima alternativa aos doces.

O consumo regular de framboesas, repletas de antioxidantes, protege contra muitas doenças, como as inflamatórias, alérgicas, cardiovasculares, degenerativas e o câncer. São particularmente ricas em ácido elágico, que controla o mau colesterol, reduz o risco de doenças cardíacas e promove a cicatrização. Além disso, as framboesas possuem propriedades bactericidas, são uma excelente fonte de vitamina C e de fibras.

NUTRIENTES
Vitaminas B3, B5, C, E, K, betacaroteno, biotina, folato; cálcio, cobre, iodo, ferro, magnésio, manganês, fósforo, potássio, selênio, zinco; fibras; carboidratos

COULIS DE FRAMBOESA

450 g de framboesas
1 colher (sopa) de frutose
1 colher (chá) de suco de limão

Passe todos os ingredientes no processador, despeje a mistura em uma tigela e sirva como cobertura de sorvete ou acompanhando outras sobremesas.

47

goji

NUTRIENTES
Vitaminas B1, B2, B6, C, E, betacaroteno, folato; cálcio, ferro, fósforo, potássio, selênio, zinco; fibras; proteínas; carboidratos; ácidos graxos essenciais ômega-6

MISTURA SOFISTICADA

Misture 2 punhados de goji seco ou desidratado com um punhado de cada um dos ingredientes seguintes: sementes de girassol; sementes de abóbora; amêndoas; pinholes; uvas-passas; tâmaras secas picadas; banana--passa picada e coco ralado – acrescente outras frutas secas ou castanhas de sua preferência. É um excelente e poderoso lanche.

Na China, costuma-se dizer que o consumo de goji pela manhã traz ótimo humor e faz a pessoa sentir--se feliz o dia inteiro.

É difícil encontrar o goji fresco, pois é cultivado na China, no Tibete e na Mongólia. Estas frutinhas de cor vermelho--alaranjada vibrante são o alimento campeão em propriedades antienvelhecimento. Além de conterem muitos nutrientes essenciais, são repletas de fitoquímicos, como a zeaxantina, que protege contra doenças oculares; a solavetivona, um agente bactericida; e a fisalina, composto que atua contra a leucemia. As frutinhas também fornecem polissacarídeos especiais, que têm propriedades antioxidantes e aumentam a imunidade.

48

açaí

Com seu valor nutricional e antioxidante espetacular, o açaí é um dos alimentos mais saudáveis do planeta.

Nativo da floresta tropical amazônica, o açaí deteriora-se rapidamente após a colheita, por isso é comum encontrá-lo apenas na forma de sucos ou polpa. Recentemente se descobriu sua inacreditável fórmula nutricional, que inclui proteínas, ácidos graxos monoinsaturados, ácidos graxos essenciais ômega-3 e ômega-6 e muitas vitaminas e minerais. O que mais impressiona é sua composição fitoquímica: betasitosterol, que reduz o colesterol; inúmeros antioxidantes, como as antocianinas, que têm propriedades antitumorais e anti-inflamatórias; e proantocianidinas, que fortalecem os vasos sanguíneos.

NUTRIENTES

Vitaminas B1, B2, B3, C, E, betacaroteno; cálcio, cobre, magnésio, fósforo, potássio, zinco; fibras; proteínas; carboidratos; ácidos graxos monoinsaturados ômega-3 e ômega-6

SURPRESA DE AÇAÍ

300 ml de suco de açaí
600 ml de suco de maçã
200 g de mirtilos
6 morangos

Bata todos os ingredientes no liquidificador até ficar cremoso. Sirva imediatamente.

49

mexerica

NUTRIENTES
Vitaminas B3, B5, C, E, K, betacaroteno, biotina, folato; cálcio, iodo, ferro, magnésio, fósforo, potássio, selênio, zinco; fibras; carboidratos

Afaste-se das gripes e dos resfriados com esta fruta cítrica saborosa e rica em vitamina C.

Fonte excelente de vitamina C e de betacaroteno, nutrientes importantes para a saúde da pele e a manutenção do sistema imunológico, a mexerica ainda contém ácido fólico, necessário para a produção das células vermelhas do sangue, e três fitoquímicos: a herperidina, um flavonoide para a saúde do coração, e a tangeriotina e o limoneno, que podem proteger contra vários tipos de câncer.

COMBINAÇÃO DE FRUTAS EXÓTICAS

2 mexericas sem sementes
2 mangas picadas
2 kiwis sem casca picados
1 papaia picada
¼ de abacaxi picado
um punhado de mirtilos (ou outra fruta vermelha)
suco de 1 limão
1 colher (sopa) de xarope de agave

Coloque todos os ingredientes em uma tigela, junte o limão e o xarope e misture bem. Sirva com iogurte, creme de leite fresco ou uma alternativa sem lactose.

50

grapefruit

Esta fruta cítrica de sabor marcante e levemente amargo auxilia na perda de peso, melhorando o metabolismo geral.

NUTRIENTES
Vitaminas B3, B5, C, E, betacaroteno, biotina, folato; cálcio, iodo, ferro, magnésio, fósforo, potássio; fibras; carboidratos

O grapefruit varia do tom amarelo ao vermelho. As variedades rosa e vermelha são coloridas pelo licopeno, um carotenoide com propriedades antitumorais. Se for consumido de manhã, em jejum, previne a prisão de ventre; antes das refeições, estimula o paladar. Por seu baixo teor calórico e glicêmico, é indicado para dietas, pois estimula o metabolismo e ajuda a queimar gordura. O grapefruit ainda contém vitamina C, pectina, que abaixa o colesterol, e bioflavonoides, que fortalecem os vasos sanguíneos.

SALADA DE FRUTAS CÍTRICAS

3 punhados de folhas para salada
2 colheres (sopa) de salsa picada
1 colher (sopa) de coentro picado
1 colher (sopa) de sementes de girassol
½ grapefruit
1 colher (sopa) de azeite
1 colher (sopa) de suco de limão
1 colher (sopa) de suco de laranja

Misture as folhas, a salsa, o coentro e as sementes em uma tigela. Corte o grapefruit em gomos e adicione à salada. Regue com o azeite e os sucos e misture delicadamente.

limão-siciliano

NUTRIENTES
Vitaminas B3, B5, B6, C, E, betacaroteno, biotina, folato; cálcio, cobre, iodo, ferro, magnésio, manganês, fósforo, potássio, selênio, zinco; fibras; carboidratos

Água morna com suco de limão e mel é um dos melhores remédios naturais para aliviar a dor de garganta.

Embora o limão-siciliano não seja uma fruta para ser consumida pura, suas propriedades medicinais podem ser aproveitadas em um suco fresco ou em molhos para saladas ou assados. Seu alto teor de vitamina C, em conjunto com suas propriedades antissépticas naturais, faz dele um excelente remédio para dores de garganta, resfriados, gripes e outras infecções. O limão-siciliano também estimula a vesícula, que por sua vez auxilia o fígado e as funções digestivas. Isso se deve a um elemento chamado limoneno que também possui atividade antitumoral.

LIMONADA SEM AÇÚCAR

750 ml de água
600 ml de suco de uva branca
suco de 3 limões-sicilianos
1 colher (sopa) de xarope de agave

Coloque todos os ingredientes em uma jarra e misture bem. Sirva com pedrinhas de gelo.

52

goiaba

Com seu aroma suave e polpa cremosa, as goiabas dão ótimas vitaminas caseiras.

O sabor desta fruta tropical lembra uma mistura de morango, pera e abacaxi. Com maior teor de vitamina C que as frutas cítricas, a goiaba ajuda a fortalecer o sistema imunológico, enquanto o betacaroteno presente promove a saúde dos olhos e da pele. É também uma excelente fonte de cálcio, necessário para o sistema esquelético, e é usada no tratamento da diarreia. Estudos ainda apontam que a goiaba tem propriedades que atuam contra a glicemia, beneficiando pessoas diabéticas.

NUTRIENTES

Vitaminas B3, B5, B6, C, E, betacaroteno, biotina, folato; cálcio, cobre, iodo, ferro, magnésio, manganês, fósforo, potássio, selênio, zinco; fibras; carboidratos

LASSI DE MANGA E GOIABA

1 manga em pedaços
1 goiaba picada
400 ml de suco de maçã
200 ml de leite comum ou de soja
200 ml de leite de arroz ou iogurte
1 colher (chá) de cardamomo em pó, mais uma porção para polvilhar

Bata todos os ingredientes no liquidificador até obter um creme. Salpique uma pitada de cardamomo antes de servir.

53

romã

NUTRIENTES

Vitaminas B3, B5, B6, C, E, betacaroteno, biotina, folato; cálcio, cobre, ferro, magnésio, fósforo, potássio, selênio, zinco; fibras; carboidratos

Para remover as sementes da romã, bata na casca vigorosamente com uma colher de pau.

Dotada de simbolismos desde a Antiguidade, a romã atingiu o status de superalimento graças às recentes descobertas de suas propriedades medicinais.

As sementes envoltas por uma polpa comestível fazem desta fruta um desafio na hora de degustá-la, mas seus benefícios compensam o esforço. Rica em antioxidantes chamados de punicalaginas, eficazes na prevenção de vários tipos de câncer, ainda protegem o organismo dos radicais livres, que podem

SALADA DE FRUTAS COM ROMÃ

1 romã
1 cacho médio de uvas brancas sem sementes
150 g de morangos picados
1 banana picada
1 pêssego picado
100 g de mirtilos
4 colheres (sopa) de suco de fruta de sua preferência
1 colher (sopa) de suco de limão
1 colher (sopa) de mel
uma pitada de noz-moscada em pó

Tire as sementes da romã e coloque em uma tigela com os outros ingredientes. Misture os sucos de limão e de fruta com o mel; despeje sobre as frutas e misture delicadamente. Sirva salpicado com noz-moscada.

danificar as células sadias. De fato, estudos revelam que apenas um copo de suco de romã contém quase três vezes mais antioxidantes que a mesma quantidade de vinho tinto, chá verde ou suco de laranja.

CORAÇÃO SAUDÁVEL

Em relação às doenças cardíacas, a romã não apenas controla a hipertensão como ajuda a combater o colesterol LDL (o mau colesterol), que está ligado a infartos e derrames. Mais ainda, a fruta ajuda a retardar a deterioração da cartilagem na osteoartrite, uma doença em que as articulações são gradualmente gastas pelo tempo e pelo uso. Como principais nutrientes, a romã oferece a vitamina C e o potássio, ambos benéficos à saúde do coração.

A fruta também apresenta propriedades antivirais e bactericidas, e foi comprovado que inibe a formação da placa bacteriana nos dentes e nas gengivas.

NÉCTAR DE ROMÃ E PÊSSEGO

600 ml de suco de romã
2 pêssegos picados

Bata os ingredientes no liquidificador até obter um creme. Beba imediatamente.

54

kiwi

NUTRIENTES
Vitaminas B3, B5, B6, C, E, betacaroteno, biotina, folato; cálcio, cobre, iodo, ferro, magnésio, manganês, fósforo, potássio, selênio, zinco; fibras; carboidratos

ESPETINHOS DE FRUTAS GRELHADAS

3 kiwis
½ abacaxi
3 bananas
16 morangos
6 colheres (sopa) de suco de abacaxi
2 colheres (sopa) de xarope de agave ou de mel

Corte os kiwis, o abacaxi e as bananas em cubos de 2,5 cm. Espete-os alternadamente em espetinhos de madeira. Misture o suco de abacaxi com o xarope de agave e use para pincelar os espetinhos. Grelhe por 6 minutos, virando constantemente.

Esta fruta deve seu nome a um pássaro neozelandês. É rica em substâncias que podem prevenir infartos e derrames.

Acredita-se que o kiwi tenha efeitos anticoagulantes, o que é uma boa notícia para pessoas sob alto risco de infartos e derrames. De acordo com as pesquisas, a formação de coágulos foi reduzida significativamente com o consumo diário de dois ou três kiwis. Talvez essa fruta possa até substituir a aspirina. Além disso, é um laxante suave, pois é rico em fibras, e contém ainda muitos antioxidantes protetores das células, como as vitamina C e E, o betacaroteno e o fitoquímico luteína, que ajuda a melhorar a saúde dos olhos.

papaia

A papaia pode ser consumida madura, como uma suculenta fruta fresca, ou verde, cozida em molhos que levam curry ou em ensopados.

Além de ser uma excelente fonte de vitamina C e betacaroteno, importantes para a pele e o sistema imunológico, a papaia contém uma enzima chamada papaína, que facilita a digestão das proteínas. O consumo da fruta também atenua inflamações, portanto pode ser benéfico para dores articulares decorrentes de artrite ou contusões. Usada topicamente, a polpa alivia queimaduras solares, e as sementes são comestíveis e indicadas para tratar dores estomacais e infecções fúngicas.

NUTRIENTES

Vitaminas B3, B5, C, betacaroteno, biotina, folato; cálcio, iodo, ferro, magnésio, manganês, fósforo, potássio, selênio, zinco; fibras; carboidratos

SUCO MATINAL

400 ml de suco de maçã
½ papaia fatiada
2 damascos picados
¼ de abacate picado
250 ml de iogurte
uma pitada de noz-moscada em pó

Bata todos os ingredientes no liquidificador (exceto a noz-moscada), até ficar cremoso. Sirva salpicado com a noz-moscada.

56

abacaxi

NUTRIENTES
Vitaminas B3, B5, C, E, K, betacaroteno, biotina, folato; cálcio, cobre, ferro, magnésio, manganês, fósforo, potássio, zinco; fibras; carboidratos

Além de ser uma fruta deliciosa e típica do Brasil, o abacaxi acrescenta um elemento especial à saúde: a bromelina, uma enzima que facilita a digestão das proteínas.

Pesquisas demonstraram que a bromelina também age como anti-inflamatório no tratamento de entorses, lesões musculares e inflamações pós-operatórias, reduzindo a dor e o inchaço. O abacaxi também é uma grande fonte de manganês – um mineral essencial necessário para a saúde da pele, dos ossos e das cartilagens – e de vitamina C, que combate os radicais livres e fortalece o sistema imunológico.

ABACAXI ESCALDADO

200 ml de suco de uva
1 colher (sopa) de mel
½ abacaxi em fatias finas
suco de ½ laranja

Coloque o suco de uva e o mel em uma panela e deixe levantar fervura. Acrescente o abacaxi e escalde por 5 minutos. Ponha em um prato, esprema o suco de laranja por cima e asse em forno preaquecido a 200°C por 10 minutos. Tire do forno, recoloque apenas o líquido na panela e deixe ferver até reduzir à calda. Regue o abacaxi com a calda e sirva.

caqui

Esta fruta antiga e saborosa, de cor alaranjada, viva e brilhante, pode ser consumida fresca, com ou sem casca.

O caqui era chamado de "fruta dos deuses" pelos antigos gregos. Contém uma ampla variedade de nutrientes, incluindo vitamina C, potássio, magnésio, cálcio e fibras, todos essenciais ao bom funcionamento do coração e ao equilíbrio do colesterol. A fruta também é uma boa fonte de betacaroteno, necessário para a saúde da pele e das mucosas e para a visão noturna. Acredita-se que o suco de caqui ajude a combater a ressaca, abaixando o nível de álcool no sangue.

NUTRIENTES

Vitamina C, betacaroteno, folato; cálcio, ferro, magnésio, fósforo, potássio; fibras; carboidratos

SALADA ARCO-ÍRIS COM AVELÃS E PASSAS

4 caquis
8 lichias sem caroço
1 banana
8 tâmaras sem caroço
um punhado de avelãs picadas
um punhado de uvas-passas
suco de 1 laranja (ou de outra fruta de sua preferência)

Pique o caqui, as lichias, a banana e as tâmaras e coloque em uma tigela com as avelãs e as passas. Despeje o suco sobre as frutas, mexa delicadamente e sirva.

58

aveia

NUTRIENTES
Vitaminas B1, B2, B3, B5, B6, E, K, biotina, folato; cálcio, cobre, ferro, magnésio, manganês, fósforo, potássio, selênio, silício, zinco; fibras; proteínas; carboidratos complexos

Para a manutenção da glicemia, a liberação lenta de energia e o alívio da fome, não há café da manhã melhor que uma cumbuca de mingau de aveia.

O principal componente da aveia é uma fibra solúvel chamada betaglucano, que diminui a glicose e a ação da insulina após as refeições. Essa ação favorece os diabéticos e as pessoas com desequilíbrio da taxa de açúcar no sangue. A aveia também fortalece o sistema imunológico e abaixa significativamente os níveis de colesterol LDL (mau colesterol). Além disso, contém compostos antioxidantes únicos, as avenantramidas, que combatem os radicais livres, protegendo contra o câncer e as doenças cardíacas.

CROCANTE DE PASSAS

300 g de flocos de aveia
100 g de uvas-passas
150 g de margarina
8 colheres (sopa) de mel
6 colheres (sopa) de frutose
1 colher (sopa) de essência natural de baunilha

Coloque a aveia e as passas em uma tigela e reserve. Derreta a margarina, junte aos demais ingredientes e misture. Despeje sobre a aveia e mexa bem. Ponha em uma assadeira antiaderente e asse em forno preaquecido a 190°C por 15-18 minutos.

cevadinha

Este grão tem uma textura semelhante à do macarrão e é ideal para ser consumido em sopas, cozidos ou saladas.

Uma excelente fonte de carboidratos de liberação lenta, a cevadinha ajuda a estabilizar a glicemia, prevenindo quedas repentinas de energia e a vontade de comer doces. É também rica em vitaminas do complexo B, que ajudam a aumentar o pique e combater o estresse, e uma fibra solúvel chamada betaglucana, que abaixa os níveis de colesterol. A água em que a cevadinha for fervida é um santo remédio para tratar diarreia, retenção de líquidos e cistite.

Use a cevadinha pilada, pois libera mais os nutrientes.

NUTRIENTES

Vitaminas B1, B2, B3, B5, B6, E, K, betacaroteno, folato; cálcio, cobre, ferro, magnésio, manganês, fósforo, potássio, silício, zinco; fibras; proteínas; carboidratos complexos

SOPA REFORÇADA DE CEVADINHA

55 g de cevadinha deixada de molho durante a noite, pilada
2 colheres (sopa) de azeite
1 cebola picada
1 dente de alho amassado
2 talos de salsão (aipo) picados
1 tomate picado
1 colher (sopa) de páprica
55 g de vagens picadas
1,5 litro de caldo de legumes
1 colher (chá) de ervas secas

Escorra a cevadinha e coloque em uma panela com os outros ingredientes. Deixe levantar fervura e cozinhe, tampada, por cerca de 1 hora.

arroz integral

NUTRIENTES
Vitaminas B1, B3, B5, B6, E, K, biotina, folato; cálcio, cobre, iodo, ferro, magnésio, manganês, fósforo, potássio, selênio, zinco; fibras, proteínas; carboidratos complexos

Este cereal é um dos alimentos mais nutritivos que existem.

Segundo a filosofia macrobiótica, o arroz integral é o alimento mais balanceado de todos, e os seguidores dessa teoria o consomem diariamente. Desde que haja regularidade no consumo, ele ajuda a combater a depressão, por seu alto teor de vitaminas do complexo B e de magnésio – nutrientes necessários para acalmar e fortalecer os nervos. Também contribui para estabilizar a glicemia e é excelente para convalescentes.

ARROZ PILAF

1 cebola picadinha
1 colher (sopa) de azeite
2 bagas de cardamomo
½ canela em pau
uma pitada de açafrão
200 g de arroz basmati integral
800 ml de caldo de legumes
2 folhas de louro

Refogue a cebola no azeite até amolecer. Adicione as especiarias e cozinhe por mais 2 minutos. Acrescente o arroz e mexa até que os grãos fiquem envolvidos pelo azeite; depois coloque o caldo de legumes e as folhas de louro. Deixe levantar fervura e cozinhe tampado por cerca de 50 minutos, até o arroz ficar macio e sequinho.

COMBATE AS TOXINAS

O arroz integral é uma boa fonte de fibras insolúveis, que ajudam a normalizar e regular a atividade intestinal, prevenindo a prisão de ventre e removendo as toxinas do intestino grosso. O gama-orizanol, um composto presente na fibra, pode ajudar a abaixar o colesterol, aumentando sua excreção e reduzindo a absorção do colesterol dos alimentos. Essa substância também é boa para aliviar gastrite e outros males gastrointestinais.

PREFIRA O INTEGRAL

O processamento do grão de arroz remove a maior parte de suas vitaminas do complexo B, seus minerais e toda a fibra. Por isso, embora demore mais a cozinhar que o arroz branco – cerca de 45 minutos em vez dos habituais 15 minutos –, vale esperar.

ARROZ-DOCE COM COCO

200 g de arroz integral cateto
3 colheres (sopa) de uvas--passas
2 colheres (sopa) de xarope de agave
1 canela em pau
10 bagas de cardamomo
400 ml de leite de coco
½ colher (chá) de essência natural de baunilha
canela em pó

Coloque o arroz, as uvas--passas, o xarope de agave e a canela em uma panela com 1 litro de água e deixe levantar fervura. Cozinhe tampado por 1h30, até secar. Acrescente o leite de coco e a baunilha. Cozinhe por mais 5 minutos. Sirva com canela em pó.

61

milheto

Este grão pequenino e arredondado ajuda a nutrir a pele, os cabelos e as unhas. Por não conter glúten, auxilia no equilíbrio da flora intestinal e é bem tolerado pela maioria das pessoas.

NUTRIENTES

Vitaminas B1, B2, B3, B5, B6, E, K, folato; cálcio, cobre, ferro, magnésio, manganês, fósforo, potássio, selênio, silício, zinco; fibras; proteína, carboidratos complexos

Ao contrário de muitos grãos, o milheto tem uma composição alcalina, o que ajuda a neutralizar males causados pela acidez no organismo, como reumatismo, artrite e candidíase vaginal. É uma excelente fonte de minerais, em particular de cálcio, magnésio e silício. O magnésio tem um papel importante no equilíbrio hormonal, aliviando a tensão pré-menstrual e a retenção de líquidos. Como não contém glúten, o milheto é indicado para portadores da doença celíaca e outras formas de intolerância ao glúten.

TORTINHAS DE MILHETO

250 g de milheto
1 colher (sopa) de azeite
1 colher (sopa) de purê de tomate
2 colheres (sopa) de caldo de legumes
1 colher (sopa) de molho de soja tamari
2 colheres (sopa) de óleo de girassol

Coloque o milheto para ferver com 750 ml de água por 45 minutos em panela tampada. Acrescente os demais ingredientes (exceto o óleo) e misture bem. Molde tortinhas, pincele com o óleo e asse em forno preaquecido a 190°C por 40 minutos, virando-as na metade do tempo para dourar ambos os lados.

62

quinua

Por séculos, esta semente foi o sustento dos povos incas da América do Sul. Atualmente é considerada um superalimento por seu excepcional valor nutritivo.

Ao contrário de vários outros cereais, como o trigo e o arroz, a quinua contém os oito aminoácidos essenciais, o que faz dela uma fonte completa de proteína, normalmente só encontrada em carnes, peixes, ovos, laticínios e soja. Por isso, é um alimento ideal para vegetarianos e veganos ou para quem deseja aumentar a ingestão proteica, como atletas e pessoas em dieta de emagrecimento. A quinua também é uma excelente fonte de cálcio e magnésio, necessários para os ossos, além de ferro, que previne a anemia.

NUTRIENTES

Vitaminas B1, B2, B3, B5, B6, E, folato; cálcio, cobre, ferro, magnésio, manganês, fósforo, potássio, zinco, fibras; proteínas; carboidratos complexos

TABULE DE QUINUA

500 ml de caldo de legumes
250 g de quinua
3 tomates picados
½ pepino sem casca picado
4 cebolinhas picadas
6 colheres (sopa) de salsa picada
2 dentes de alho amassados
2 colheres (sopa) de azeite
2 colheres (sopa) de suco de limão
sal e pimenta-do-reino a gosto

Ferva o caldo de legumes, junte a quinua e cozinhe por 15 minutos. Coloque numa tigela, acrescente os demais ingredientes e misture.

63

amaranto

NUTRIENTES
Vitaminas B1, B2, B3, B5, B6, C, E, folato; cálcio, cobre, ferro, magnésio, fósforo, potássio, zinco; fibras; proteínas; carboidratos complexos

Considerado o alimento básico pela civilização asteca do México central, este grão pequenino e nutritivo é muito rico em proteínas, cálcio e ferro.

Como a quinua, o amaranto é uma fonte fantástica e completa de proteínas, fibras e carboidratos complexos. Também é rico em cálcio e tem mais ferro que a maioria dos grãos, por isso, se consumido regularmente, pode elevar os níveis desse mineral no organismo. Segundo pesquisas, o amaranto pode reduzir a pressão sanguínea e o colesterol, bem como fortalecer o sistema imunológico. Os princípios ativos responsáveis por esses efeitos benéficos são os etanóis e o esqualeno, importantes fitoquímicos.

PANQUECAS DE AMARANTO

100 g de amaranto
1 colher (sopa) de farinha de araruta
1 colher (chá) de fermento em pó
uma pitada de sal
1 ovo
200 ml de leite de soja
1 colher (sopa) de mel
2 colheres (sopa) de óleo de girassol

Moa o amaranto até obter uma farinha e junte a araruta, o fermento e o sal. Acrescente o ovo, o leite de soja e o mel e misture bem. Despeje ¼ da massa em uma frigideira untada e cozinhe ambos os lados por 2 minutos. Repita até acabar a massa.

trigo-sarraceno

Este grão de sabor único é eficaz para fortalecer os vasos sanguíneos e a circulação. Também é conhecido como trigo-cachá.

Apesar do nome, este cereal não é parente do trigo e é adequado para pessoas com restrição ao glúten. Sua principal característica é o alto teor de rutina, um composto bioflavonoide que ajuda a fortalecer os capilares sanguíneos debilitados. Assim, ele pode aliviar problemas circulatórios como fragilidade capilar, perniose e hipertensão. O trigo-sarraceno também parece agir na manutenção da glicose, ajudando a equilibrar a glicemia.

NUTRIENTES

Vitaminas B1, B2, B3, B5, B6, E, K, folato; cálcio, cobre, ferro, magnésio, manganês, fósforo, potássio, selênio, zinco; fibras; proteínas; carboidratos complexos

O soba é um tipo de macarrão japonês, geralmente feito de trigo-sarraceno.

MACARRÃO SOBA AO MOLHO PESTO

4 colheres (sopa) de azeite
2 cebolas picadas
2 dentes de alho amassados
8 tomates picados
6 colheres (sopa) de manjericão fresco picado
2 colheres (chá) de manjericão seco
6 colheres (sopa) de pinholes
500 g de macarrão soba

Aqueça o azeite e refogue a cebola. Adicione o alho e os tomates e deixe ferver, tampado, por 20 minutos. Junte o manjericão e os pinholes e cozinhe por alguns minutos. Passe a mistura no processador até ficar cremosa. Enquanto isso, cozinhe o soba na água até ficar *al dente* e sirva com o molho pesto.

65

feijão-azuqui

NUTRIENTES

Vitaminas B1, B3, B5, B6, E, betacaroteno, biotina, folato; cálcio, cobre, iodo, ferro, magnésio, manganês, fósforo, potássio, selênio, zinco; fibras; proteínas; carboidratos complexos

Experimente germinar o feijão--azuqui, pois é uma das leguminosas que brotam com mais facilidade.

No Japão, essa leguminosa avermelhada é conhecida como o "rei dos feijões", e é a segunda mais popular depois da soja.

Com mais fibras e proteínas e menos gordura que a maioria dos outros tipos de feijão, o azuqui é uma ótima leguminosa para quem deseja emagrecer. Seu alto teor de potássio, que age como diurético natural, aumenta seu potencial emagrecedor, liberando o excesso de líquido do organismo. Tomar a água em que o azuqui foi fervido é um eficiente remédio para afecções dos rins e da vesícula.

CHILI DE FEIJÃO-AZUQUI

100 g de feijão-azuqui
1 cebola picada
1 dente de alho amassado
2 colheres (sopa) de azeite
400 g de tomate pelado picado
½ pimenta verde sem sementes picada
½ colher (chá) de pimenta em pó
1 colher (sopa) de molho de soja tamari

Deixe o feijão de molho durante a noite. Escorra e leve ao fogo com água. Deixe levantar fervura e cozinhe por 1 hora, tampado, até amolecer. Escorra e reserve. Em outra panela, refogue a cebola e o alho e depois os demais ingredientes. Junte o feijão e cozinhe tampado por 25 minutos.

66

grão-de-bico

Consumido em uma dieta balanceada, o grão-de-bico ajuda a diminuir o colesterol e protege contra doenças cardíacas.

Rico em fibras solúveis e insolúveis, o grão-de-bico mantém o sistema digestório saudável e reduz significativamente as taxas de colesterol total e de LDL (mau colesterol). Seu papel na prevenção de doenças cardíacas também está associado ao teor de folato, que reduz o nível de homocisteína no sangue – se alto, esse nível é um fator de risco para infartos e derrames. Rico em carboidratos complexos, o grão-de-bico fornece energia de longa duração, e o ferro presente previne a anemia.

NUTRIENTES

Vitaminas B1, B2, B3, B5, B6, E, K, betacaroteno, biotina, folato; cálcio, cobre, iodo, ferro, magnésio, manganês, fósforo, potássio, selênio, zinco; fibras; proteínas; carboidratos complexos

GRÃO-DE-BICO AO CURRY

150 g de grão-de-bico
1 cebola picada
2 dentes de alho amassados
2 colheres (chá) de curry em pó
2 colheres (sopa) de azeite
500 ml de polpa de tomate

Deixe o grão-de-bico de molho durante a noite. No dia seguinte, escorra e coloque em uma panela com água nova. Cozinhe tampado por 2 horas, até amolecer. Escorra e reserve. Refogue a cebola, o alho e o curry no azeite, mexendo sempre. Junte a polpa de tomate e cozinhe tampado por 25 minutos.

67

lentilha

NUTRIENTES

Vitaminas B1, B2, B3, B5, B6, E, K, betacaroteno, biotina, folato; cálcio, cobre, iodo, ferro, magnésio, manganês, fósforo, potássio, selênio, zinco; fibras; proteínas; carboidratos complexos

DHAL DE LENTILHAS VERMELHAS

2 colheres (sopa) de azeite
1 cebola picada
2 dentes de alho amassados
1 colher (chá) de sementes de mostarda moídas
1 colher (chá) de kümmel moído
½ colher (chá) de pimenta em pó
½ colher (chá) de cúrcuma
2 tomates picados
200 g de lentilhas vermelhas

Refogue a cebola no azeite até amolecer. Junte o alho, as especiarias e o tomate e cozinhe por uns minutos, mexendo sempre. Acrescente as lentilhas e 500 ml de água e cozinhe tampado por 20 minutos, até amolecer.

Existem muitas variedades de lentilha, como a verde, a marrom e a vermelha. Este é um dos melhores alimentos para equilibrar a glicemia no sangue.

Com seu baixo índice glicêmico e alto teor de carboidratos complexos, a lentilha pode prevenir oscilações repentinas de energia, equilibrando a glicemia. É uma excelente fonte de fibras insolúveis, que ajudam a regularizar o intestino, e de fibras solúveis, que abaixam as taxas de colesterol. Além de fornecer energia de liberação lenta, a lentilha combate a fadiga, recompondo as reservas de ferro e de vitaminas do complexo B.

Consuma as lentilhas com cereais integrais para suprir completamente a necessidade de proteínas.

soja

Os efeitos medicinais da soja estão presentes em muitos de seus subprodutos, como o tofu, o tempeh, o edamame, o leite de soja, o missô, o shoyu e o tamari.

A soja é uma fonte de proteínas completas, rivalizando com a carne, o peixe e os ovos. É rica em nutrientes fortalecedores do cérebro, incluindo ácidos graxos essenciais e lecitina, e contém isoflavonas, um tipo de estrogênio vegetal que ajuda a equilibrar as taxas de estrógenos no organismo. Isso a torna ideal para mulheres na menopausa. As isoflavonas da soja aumentam a densidade óssea, prevenindo a osteoporose.

NUTRIENTES

Vitaminas B1, B2, B3, B5, B6, E, K, betacaroteno, biotina, folato; cálcio, cobre, iodo, ferro, magnésio, manganês, fósforo, potássio, selênio, zinco; fibras, proteínas, carboidratos complexos; ácidos graxos essenciais ômega-3 e ômega-6; lecitina

MEXIDO DE TOFU

- **500 g de tofu**
- **2 colheres (chá) de ervas secas**
- **2 colheres (chá) de páprica**
- **2 colheres (chá) de sementes de mostarda moídas**
- **2 colheres (chá) de molho de soja tamari**
- **2 colheres (sopa) de salsa picada**
- **3 colheres (sopa) de azeite**
- **4 colheres (sopa) de caldo de legumes**
- **1 cebola picada**

Amasse o tofu em uma tigela e junte as ervas secas, a páprica, as sementes de mostarda, o tamari e a salsa. Reserve. Aqueça o azeite e o caldo em uma panela e refogue a cebola até amolecer. Junte a mistura de tofu e cozinhe por 8 minutos, mexendo sempre.

69

amêndoa

NUTRIENTES
Vitaminas B1, B2, B3, B5, B6, E, biotina, folato; cálcio, cobre, iodo, magnésio, manganês, fósforo, potássio, zinco; fibras; proteínas; ácidos graxos monoinsaturados, ácidos graxos essenciais ômega-6

Esta deliciosa oleaginosa com sabor cremoso é o alimento ideal para o cérebro e o sistema nervoso.

Uma das oleaginosas mais saudáveis, a amêndoa é altamente nutritiva. Seu teor de cálcio e magnésio ajuda na construção óssea e nas funções musculares, e a concentração de vitamina E melhora a pele, combate os radicais livres e retarda o envelhecimento. A amêndoa contém gorduras monoinsaturadas, que abaixam as taxas de colesterol, e é uma rica fonte de proteína, tornando-a recomendável para os vegetarianos. Enquanto os alimentos gordurosos geram ganho de peso, uma dieta enriquecida com amêndoas, que também é gordurosa, ajuda a emagrecer.

TORTA DE FRAMBOESAS E AMÊNDOAS

1 vidro de geleia de framboesa sem açúcar
1 ovo batido
4 colheres (sopa) de melaço
100 g de amêndoas moídas
4 colheres (sopa) de óleo de girassol
5 colheres (sopa) de leite de arroz
½ colher (chá) de essência natural de baunilha
4 gotas de essência natural de amêndoas

Espalhe a geleia no fundo de um prato refratário. Coloque os demais ingredientes em uma tigela, misture bem e despeje sobre a geleia uniformemente. Asse em forno preaquecido a 190°C por 40-45 minutos, até dourar e ficar firme ao toque.

macadâmia

Rica em ácidos graxos monoinsaturados, a macadâmia ajuda a normalizar as taxas de colesterol no sangue e contribui para a saúde do coração.

O consumo regular de macadâmias reduz os níveis de LDL (mau colesterol) e aumenta o HDL (bom colesterol). Isso se deve à sua alta concentração de gorduras monoinsaturadas e ao seu teor de esteróis, que inibem a absorção do colesterol dos alimentos. A macadâmia tem muitos nutrientes, como o potássio e o magnésio, que regulam o equilíbrio hídrico e cuja proteína promove o crescimento e a reparação dos tecidos; e antioxidantes citoprotetores, como a vitamina E, o selênio e um composto chamado epicatequina.

NUTRIENTES

Vitaminas B1, B3, B5, B6, E, biotina; cálcio, cobre, magnésio, manganês, fósforo, potássio, selênio, zinco; fibras; proteínas; ácidos graxos monoinsaturados

CROCANTE DE MACADÂMIA COM PASSAS

100 g de macadâmia ou castanha-do-pará
100 g de uvas-passas
225 g de aveia em flocos grossos
2 colheres (sopa) de melaço
2 colheres (sopa) de óleo
1 colher (sopa) de essência natural de baunilha

Quebre as nozes em pedaços pequenos no processador e misture com os outros ingredientes. Espalhe em uma assadeira e toste em forno preaquecido a 200°C por 10 minutos, mexendo na metade do tempo. Use como cobertura para sobremesas.

71

nozes

NUTRIENTES
Vitaminas B1, B2, B3, B5, B6, E, biotina; cálcio, cobre, iodo, ferro, magnésio, manganês, fósforo, potássio, selênio, zinco; fibras; proteínas; gorduras monoinsaturadas, ácidos graxos essenciais ômega-3 e ômega-6

Sua aparência lembra o desenho do cérebro, e, de fato, esta oleaginosa ajuda a melhorar a função cognitiva, deixando a memória mais afiada.

As nozes não são apenas uma ótima fonte de gorduras monoinsaturadas, benéficas ao coração, mas também contêm o ácido graxo essencial alfa-linoleico, rico em ômega-3, que protege as funções cerebrais e cardiovasculares. Possuem ainda efeito anti-inflamatório, agindo contra asma, artrite reumatoide e problemas de pele como eczema e psoríase. A presença do aminoácido arginina ajuda a manter a flexibilidade dos vasos sanguíneos, e o ácido elágico, um antioxidante, tem propriedades antitumorais.

PESTO DE NOZES

um punhado grande de folhas de manjericão
2 dentes de alho
20 nozes
200 ml de azeite

Bata todos os ingredientes no processador até ficar cremoso. Sirva sobre massas integrais ou como molho para legumes ao vapor.

COCO

Esta fruta tropical pode ser consumida seca, com a polpa firme; ou fresca, com a polpa bem mais mole. A água adocicada é muito nutritiva e a gordura extraída é o único óleo que não perde as propriedades medicinais em altas temperaturas.

NUTRIENTES

Vitaminas B1, B2, B3, B5, B6, C, E, folato; cálcio, cobre, iodo, ferro, magnésio, manganês, fósforo, potássio, selênio, zinco; fibras; proteínas; carboidratos; ácidos graxos de cadeia média

Embora com alto teor de gorduras saturadas, elas são diferentes das encontradas na carne e no leite, portanto não representam risco à saúde. Conhecidas como ácidos graxos de cadeia média, são facilmente absorvidas e metabolizadas pelo organismo, por isso servem como fonte de energia em vez de serem armazenadas. A água de coco é a bebida natural mais equilibrada em eletrólitos, excelente para reidratar após exercícios físicos ou em casos de diarreia e febre.

PIÑA COLADA SEM ÁLCOOL

500 ml de suco de abacaxi
200 ml de água de coco
1 lata pequena de abacaxi em calda
55 g de coco ralado ou picadinho

Bata todos os ingredientes no liquidificador até ficar cremoso. Coloque em uma jarra de vidro e misture bem antes de servir, com pedras de gelo.

73

linhaça

NUTRIENTES
Vitaminas B1, B2, B3, B5, B6, E; cálcio, cobre, ferro, magnésio, manganês, fósforo, potássio, selênio, zinco; fibras; proteínas; ácidos graxos essenciais ômega-3

BARRINHAS DE AMENDOIM E LINHAÇA

100 g de sementes de linhaça
150 g de flocos de arroz
5 colheres (sopa) de pasta de amendoim
4 colheres (sopa) de melaço

Moa as sementes de linhaça em um pilão e coloque-as em uma tigela. Acrescente o cereal, a pasta de amendoim e o melaço e misture bem. Ponha a massa numa assadeira antiaderente, pressionando bem, e deixe descansar algumas horas antes de cortar em barrinhas.

Eficiente contra a prisão de ventre, no controle da hipertensão e para o equilíbrio hormonal, a semente de linhaça é uma verdadeira maravilha.

Repleta de propriedades medicinais, a semente de linhaça tem um alto teor de ácidos graxos essenciais ômega-3, convertidos no organismo em substâncias semelhantes a hormônios, chamadas de prostaglandinas. Essas substâncias são anti-inflamatórias e podem aliviar sintomas de artrite e asma. Também protegem o coração, reduzindo o colesterol, a hipertensão e a aterosclerose. Além disso, as prostaglandinas auxiliam no emagrecimento por sua ação diurética e estimulante, ajudando a queimar calorias.

LAXANTE SUAVE

Outra substância presente na linhaça é a mucilagem, um tipo de fibra solúvel que reduz o colesterol, estabiliza a glicemia e alivia a prisão de ventre. Seu efeito laxativo é suave, ajudando a manter o fluxo intestinal.

COMBATE O CÂNCER DE MAMA

Os benefícios da linhaça não param por aí. Esta semente também é rica em lignanas, substâncias especiais que são convertidas por bactérias da flora intestinal em dois compostos similares aos hormônios, a enterolactona e o enterodiol. Esses compostos auxiliam no combate ao câncer de mama e aliviam os sintomas de fogacho típicos da menopausa.

As propriedades antivirais, bactericidas e antifúngicas contribuem para manter a pele saudável e bonita.

SHAKE TROPICAL DE LINHAÇA

1 colher (sopa) de sementes de linhaça
600 ml de suco de abacaxi
200 ml de suco de maçã
2 kiwis picados
polpa de 2 maracujás

Moa as sementes em um moedor de café ou no pilão e bata no liquidificador com os sucos de frutas e o kiwi. Junte a polpa dos maracujás e misture bem. Sirva imediatamente.

semente de abóbora

NUTRIENTES
Vitaminas B2, B3, B5, E, K, betacaroteno; cálcio, cobre, ferro, magnésio, manganês, fósforo, potássio, zinco; fibras; proteínas; ácidos graxos essenciais ômega-3 e ômega-6

Boas notícias para os homens: a semente de abóbora oferece proteção contra o câncer de próstata.

Rica em proteínas, vitamina E e zinco (necessário para a cicatrização de feridas, o crescimento infantil e o sistema imunológico), a semente de abóbora é uma ótima fonte de ácidos graxos essenciais fundamentais para o equilíbrio hormonal e uma pele saudável. É recomendada para o tratamento do inchaço da próstata, pois algumas das substâncias presentes interferem na multiplicação das células desse órgão e agem como vermífugo contra vermes arredondados, chatos e outros parasitas intestinais.

MUFFIN CROCANTE COM SEMENTES

400 g de farinha de trigo
2 colheres (chá) de fermento em pó
200 g de uvas-passas
100 g de sementes de abóbora
2 cenouras raspadas e raladas
4 ovos batidos
200 ml de melado
200 ml de leite
200 ml de óleo de girassol

Misture a farinha, o fermento, as uvas-passas e as sementes em uma tigela. Acrescente os demais ingredientes e misture bem para fazer a massa. Coloque a massa em uma fôrma de muffins untada e asse em forno preaquecido a 180°C por 20 minutos, até dourar.

75

semente de gergelim

Excepcionalmente rico em cálcio, o gergelim é uma ótima opção para a saúde dos ossos e dos dentes.

Muito utilizada para fazer tahine, uma pasta de gergelim típica do Oriente Médio, essa sementinha contém uma grande variedade de minerais, como cálcio, magnésio e manganês, além de proteínas e ácidos graxos essenciais. A cada 100 g do alimento há uma concentração de 670 mg de cálcio, superando até o leite integral nesse quesito. O gergelim também contém uma substância única chamada sesamina, que impede a absorção do colesterol e previne a hipertensão.

NUTRIENTES

Vitaminas B1, B2, B3, B5, B6, E, betacaroteno; cálcio, cobre, iodo, ferro, magnésio, manganês, fósforo, potássio, zinco; fibras; proteínas; ácidos graxos essenciais ômega-6

BOLINHAS DE GERGELIM

175 g de tâmaras
55 g de nozes-pecãs ou castanhas-do-pará moídas
2 colheres (sopa) de tahine
2 colheres (sopa) de pasta de amendoim
4 colheres (sopa) de sementes de gergelim

Ferva as tâmaras com 250 ml de água em panela tampada por cerca de 10 minutos, até amolecer e absorver todo o líquido. Amasse. Misture com as nozes, o tahine e a pasta de amendoim. Deixe descansar por 30 minutos, até ficar firme. Enrole pequenas bolas e passe nas sementes de gergelim para decorar.

97

semente de girassol

NUTRIENTES
Vitaminas B1, B5, E, ácido fólico; cobre, magnésio, manganês, fósforo, selênio

COBERTURA DE GIRASSOL

1 colher (sopa) de óleo de amendoim ou girassol
4 colheres (sopa) de sementes de girassol
1 colher (sopa) de sementes de gergelim
2 colheres (sopa) de nozes em metades
1 colher (sopa) de shoyu
2,5 cm de gengibre picado

Aqueça o óleo em temperatura alta em uma wok. Junte as sementes e frite por 30 seg, mexendo sem parar. Adicione o shoyu e passe para uma tigela imediatamente. Misture o gengibre. Salpique sobre o arroz ou frituras.

Combata o cansaço, relaxe e estimule o bom funcionamento do cérebro saboreando este petisco saudável.

Pessoas ocupadas tendem a se alimentar mal quando mais necessitam de uma nutrição adequada. Sementes são nutritivas e práticas de comer, e a de girassol está entre as fontes de nutrientes que mais favorecem a saúde mental e emocional. É rica em vitamina E, que ajuda a reduzir a propensão ao Alzheimer e previne o incômodo dos fogachos da menopausa. A vitamina E e o magnésio também combatem a insônia. A semente de girassol tem alto teor de vitaminas B, fundamentais para o bem-estar psicológico. A B1 ajuda a manter o cérebro alerta sob estresse.

broto de alfafa

O broto de alfafa é muito valorizado por seu grande leque de nutrientes e enzimas.

Há tempos o broto de alfafa faz sucesso entre os adeptos de uma alimentação natural. Isso se deve a seu alto teor de enzimas e nutrientes de fácil digestão, liberados durante o processo de germinação da semente. Além de ser uma fonte de aminoácidos, vitaminas e minerais, a alfafa contém vários fitoquímicos que protegem contra doenças. A canavanina, um análogo de aminoácido, exerce ação anticancerígena, enquanto os estrogênios vegetais ajudam a equilibrar os hormônios. Outros compostos abundantes nesse broto são as saponinas, que reduzem o colesterol, e a clorofila, um poderoso reconstrutor do sangue e agente desintoxicante.

NUTRIENTES

Vitaminas B3, B5, C, K, betacaroteno, folato; cálcio, ferro, magnésio, fósforo, potássio, zinco; proteínas; enzimas

TROUXINHAS DE TOFU, ABACATE E ALFAFA

200 g de tofu defumado fatiado
4 pães pitta ou sírios integrais
2 punhados grandes de brotos de alfafa
2 abacates fatiados
2 tomates fatiados
12 azeitonas pretas sem caroço picadas
2 colheres (sopa) de tahine

Grelhe as fatias de tofu dos dois lados. Aqueça os pães levemente no forno, corte-os na lateral e recheie com o tofu, a alfafa, os abacates, os tomates e as azeitonas. Dissolva o tahine em 2 colheres (sopa) de água, espalhe sobre o pão e sirva.

78

salsinha

NUTRIENTES
Vitaminas B1, B3, B5, C, E, K, betacaroteno, biotina, folato; cálcio, iodo, ferro, magnésio, manganês, fósforo, potássio, selênio, zinco

MOLHO DE SALSINHA PARA MASSAS

2 colheres (sopa) de azeite
½ cebola picada
1 dente de alho amassado
1 colher (chá) de páprica
400 ml de polpa de tomate
3 colheres (sopa) de salsinha picada
sal e pimenta-do-reino moída na hora a gosto

Aqueça o azeite em uma panela e refogue a cebola até amolecer. Junte o alho e a páprica e cozinhe por mais 1 minuto, mexendo sempre. Adicione a polpa de tomate e deixe ferver, tampado, por 20 minutos.
No final, junte a salsinha, sal e pimenta. Sirva com massas.

Uma das ervas aromáticas mais populares na culinária, a salsinha tem muito a oferecer.

Rica fonte de antioxidantes antitumorais como a vitamina C e o flavonoide luteína, há tempos a salsinha vem sendo usada para aliviar problemas como artrite e reumatismo. Ela ajuda a equilibrar os fluidos corporais, aumentando o teor de potássio no organismo e estimulando a excreção de sódio e água. Isso a torna um diurético natural, auxiliando o controle da hipertensão. Aplicada sobre a pele, alivia a irritação e a coceira causada por picadas de insetos.

Comer um galho de salsinha depois das refeições contribui para refrescar o hálito.

sálvia

Teorias centenárias a respeito das propriedades medicinais da sálvia agora vêm sendo confirmadas pelas pesquisas científicas.

NUTRIENTES
Vitaminas B3, B6, C, E, K, betacaroteno, biotina, folato; cálcio, ferro, magnésio, manganês, fósforo, potássio, zinco

A sálvia não somente alivia tosse e reumatismo como também fortalece o sistema nervoso. Além disso, pode-se usar essa erva para fazer gargarejos a fim de atenuar inflamações da garganta e combater gengivites. Na Alemanha, a sálvia foi aprovada para o tratamento de males gastrointestinais e suor intensivo. Graças a seu sucesso na redução da transpiração, tornou-se um remédio popular para prevenir os fogachos da menopausa. Ela também melhora a memória, aumentando a quantidade de neurotransmissores cerebrais.

PURÊ DE BATATAS COM SÁLVIA

4 batatas grandes sem casca picadas
1 colher (sopa) de manteiga ou margarina
100 g de queijo de cabra fresco
2 colheres (sopa) de sálvia picada
sal e pimenta-do-reino moída na hora

Cozinhe as batatas no vapor por cerca de 20 minutos, até ficarem macias. Coloque numa tigela, adicione a manteiga ou a margarina e amasse bem. Misture o queijo e a sálvia, tempere com sal e pimenta a gosto e sirva.

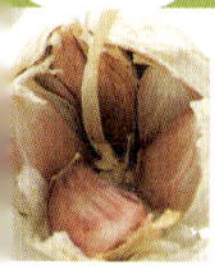

alho

NUTRIENTES
Vitaminas B1, B3, B5, B6, biotina, folato; cálcio, germânio, iodo, ferro, magnésio, manganês, fósforo, potássio, selênio, zinco; fibras

AZEITE AROMATIZADO COM ALHO

250 ml de azeite extravirgem
8 dentes de alho
1 colher (chá) de pimenta vermelha amassada

Coloque os dentes de alho inteiros e a pimenta em um vidro com 250 ml de azeite extravirgem. Tampe bem e mantenha em local fresco e escuro para o sabor se intensificar e se difundir. Use para cozinhar ou temperar saladas.

Uma verdadeira panaceia moderna, o alho é eficiente contra doenças cardíacas, câncer e muitos outros males.

Cultivado há mais de 5 mil anos, o alho tem sido valorizado por suas propriedades medicinais desde a época dos faraós. Muito popular mundo afora contra gripes e resfriados, contém realmente agentes bactericidas, antivirais e antifúngicos. Seu princípio ativo é a alicina, produzida a partir de outra substância, a aliina, liberada ao cortar ou amassar o alho fresco. Essa substância é responsável pelo odor característico, sendo efetiva contra infecções comuns como resfriados, gripes e candidíases e também contra microrganismos mais potentes, como o da tuberculose e o *Staphylococcus aureus,* que provoca as infecções alimentares.

SANGUE SAUDÁVEL, COLESTEROL BAIXO

O alho tem muitas propriedades benéficas ao sistema cardiovascular, e seu consumo regular mostrou-se eficaz no controle da hipertensão e das altas taxas de colesterol sérico. Ele também inibe a formação de coágulos sanguíneos, associados a infartos e derrames.

MARAVILHA CONTRA O CÂNCER

Os compostos sulfúricos presentes, como a alicina e o dialil-sulfito, protegem o organismo contra substâncias cancerígenas, podendo deter o crescimento de células doentes já instaladas. O ajoeno, que é produzido a partir da alicina, pode ser empregado no tratamento do câncer de pele quando aplicado topicamente. Outros compostos antitumorais são os poderosos antioxidantes minerais germânio e selênio.

FEIJÃO COZIDO

250 g de feijão
3 colheres (sopa) de azeite
3 dentes de alho amassados
1 colher (chá) de pimenta em pó
1 colher (chá) de kümmel
1 colher (chá) de sementes de mostarda moídas
1 colher (chá) de molho de soja tamari

Deixe o feijão de molho durante a noite. Cozinhe por cerca de 2 horas, em panela tampada. Escorra e reserve. Coloque os demais ingredientes com 100 ml de água em uma panela e refogue por alguns minutos. Junte o feijão, misture bem e amasse até ficar cremoso.

18

dill

NUTRIENTES
Vitaminas B3, C, folato; cálcio, ferro, magnésio, fósforo, potássio, zinco

O dill fresco é um ótimo tempero para picles, molhos de salada e pratos à base de peixe.

Esta erva é famosa por suas propriedades digestivas tanto em adultos como em crianças.

O dill é eficiente no alívio de cólicas, gases e má digestão. Seu princípio ativo, a carvona, age como antiespasmódico. Outros compostos presentes no dill têm sido associados à neutralização de substâncias cancerígenas, como as presentes no tabaco e na fumaça do carvão (inalada em churrascos). O dill também tem sido estudado quanto a sua capacidade de inibir o crescimento bacteriano. Consumido na forma de chá, pode aumentar a produção de leite em mães lactantes.

SALADA DE BATATINHAS COM DILL

750 g de batata bolinha
1 colher (sopa) de mostarda granulada
2 colheres (sopa) de azeite
2 colheres (sopa) de dill picado
sal e pimenta-do-reino moída na hora

Corte as batatinhas ao meio e cozinhe no vapor por cerca de 15 minutos. Coloque em uma tigela, adicione os outros ingredientes, misture bem e sirva.

82

hortelã

Esta erva é valorizada desde a Antiguidade por seu aroma e suas qualidades culinárias e medicinais.

O óleo essencial da hortelã é conhecido pela capacidade de melhorar a absorção dos alimentos e aliviar sintomas da síndrome do intestino irritável (SII), relaxando a musculatura do trato intestinal. Também se descobriu que inibe o crescimento de vários tipos de bactérias, inclusive a *Helicobacter pylori* – principal causadora de úlceras de estômago e duodeno. Além disso, a hortelã contém ácido rosmarínico, um composto anti-inflamatório que estimula a produção de substâncias descongestionantes, facilitando a respiração. Isso a torna útil no tratamento de afecções respiratórias, como a asma.

NUTRIENTES

Vitaminas B1, B2, B3, B5, B6, C, E, betacaroteno, biotina, folato; cálcio, magnésio, fósforo, potássio

MOLHO DE IOGURTE E HORTELÃ

300 g de iogurte
2 colheres (chá) de manjericão picadinho
1 colher (sopa) de hortelã picadinha
uma pitada de dill seco
pimenta-do-reino moída na hora a gosto

Misture todos os ingredientes e leve à geladeira. Este molho é especialmente saboroso como acompanhamento de saladas que levam pepino ou tomate e também com outros legumes ralados.

83

semente de mostarda

NUTRIENTES
Vitaminas B1, B2, B3, B5, B6, E, K, betacaroteno, biotina; cálcio, cobre, iodo, ferro, magnésio, manganês, fósforo, potássio, selênio, zinco

COUVE-FLOR REFOGADA COM BETERRABA E SEMENTES DE MOSTARDA

- **2 colheres (sopa) de azeite**
- **2 colheres (sopa) de sementes de mostarda**
- **½ colher (chá) de páprica**
- **2 beterrabas cruas em tirinhas**
- **1 couve-flor separada em pequenos floretes**
- **4 colheres (sopa) de caldo de legumes**

Aqueça o azeite em uma frigideira, coloque as sementes de mostarda, tampe e frite levemente até começarem a estourar. Acrescente a páprica e os legumes e cozinhe por 2 minutos. Adicione o caldo e deixe ferver por cerca de 8 minutos, mexendo sempre.

Disponível em três cores diferentes, preto, marrom e amarelo, a semente de mostarda moída é um ótimo tempero para sopas, cozidos e curries.

Parente do brócolis e do repolho, a mostarda contém fitoquímicos exclusivos dessa família, conhecidos como glucosinolatos. Pesquisas apontam que esses compostos têm a capacidade de deter o crescimento de células tumorais e previnem o crescimento de outras. A especiaria também é uma fonte excelente de selênio, importante antioxidante com propriedades anti-inflamatórias. Consumidas amassadas em um pouco de água morna, as sementes de mostarda purificam o sangue, exercendo um leve efeito laxativo.

84

cúrcuma

Esta especiaria de cor amarelo-vivo tem propriedades poderosas no alívio da dor e da inflamação.

A cúrcuma é o ingrediente principal dos curries. Seu princípio ativo é a curcumina, com numerosas qualidades terapêuticas: reduz dores e inflamações, normalmente empregada no tratamento da artrite reumatoide e outras manifestações de dores articulares. De fato, a cúrcuma pode ser até mais efetiva que as drogas anti-inflamatórias convencionais. Ela também possui propriedades antioxidantes, é hepatoprotetora e pode ajudar a prevenir a agregação de plaquetas, protegendo contra doenças cardíacas e derrames.

NUTRIENTES

Vitaminas B3, C, E, K, folato; cálcio, ferro, magnésio, manganês, fósforo, potássio, selênio, zinco

MOLHO CURRY TAILANDÊS

400 ml de leite de coco
2 pimentas verdes sem sementes picadas
2 dentes de alho
2 colheres (chá) de gengibre fresco ralado
2 cebolas picadas
1 colher (sopa) de azeite
1 talo de capim-limão picado
1 colher (chá) de cúrcuma
2 colheres (sopa) de coentro picado

Bata o leite de coco, as pimentas, o alho e o gengibre no liquidificador. Aqueça o azeite, acrescente as cebolas e refogue até amolecer. Junte a mistura de coco e os ingredientes restantes. Deixe levantar fervura e cozinhe por 5 minutos. Sirva com arroz.

85

gengibre

NUTRIENTES
Vitaminas B3, C, E, folato; cálcio, ferro, magnésio, fósforo, potássio, selênio, zinco

MOLHO CREMOSO DE GENGIBRE

4 colheres (sopa) de tahine
2 colheres (chá) de gengibre fresco ralado
1 dente de alho
1 colher (sopa) de molho de soja tamari

Bata todos os ingredientes no liquidificador com 5 colheres (sopa) de água até ficar cremoso. Sirva com massas ou saladas.

Com suas propriedades analgésicas e anti-inflamatórias, o gengibre é valiosíssimo como alimento medicinal.

Amplamente empregado nas culinárias africana, chinesa e asiática, o gengibre pode ser cozido junto com o alimento, para conferir-lhe um sabor picante, ou macerado para fazer chás. Mas o uso desse superalimento ultrapassa os limites da cozinha. Historicamente, acalma o estômago, alivia os gases e a náusea e ainda ajuda na absorção dos nutrientes.

Esta raiz é muito eficiente como remédio para enjoo em viagens de carro ou barco, reduzindo sintomas como tontura e vômitos. Também diminui o enjoo durante a gravidez e, ao contrário de certos remédios, seu consumo é seguro nessa fase.

COMBATE A ARTRITE

É um tratamento comprovado para a osteoartrite e a artrite reumatoide: se consumido regularmente, o gengibre ajuda a reduzir a dor nas articulações, melhorando a mobilidade. Essa capacidade de ação é atribuída a suas propriedades antioxidantes, como o potente gingerol, que inibe as substâncias causadoras das inflamações nas articulações.

PROTEGE O CORAÇÃO

O gengibre ajuda a manter o coração saudável, pois previne a aglutinação de plaquetas e abaixa os níveis de colesterol, afastando o perigo de infartos e derrames. Ele também estimula a circulação e é excelente para aliviar tosses, gripes e resfriados.

CREME GELADO DE FRAMBOESAS E GENGIBRE

2 colheres (chá) de gengibre fresco ralado
200 g de framboesas
450 g de creme de leite fresco
um punhado de gengibre cristalizado picado

Passe o gengibre fresco e as framboesas no processador e misture bem. Acrescente o creme de leite fresco e mexa bem. Sirva gelado em tacinhas de sobremesa, salpicando os pedaços de gengibre por cima.

98

canela

NUTRIENTES
Vitaminas B2, B3, B5, B6, E, K, betacaroteno, biotina; cálcio, cobre, iodo, ferro, magnésio, manganês, fósforo, potássio, selênio, zinco

CREME DE CANELA

250 g de tofu
10 colheres (sopa) de suco de maçã sem açúcar
3 colheres (sopa) de melaço
3 colheres (sopa) de óleo de girassol
½ colher (chá) de canela em pó

Bata todos os ingredientes no processador até obter um creme. Use como substituto do creme de leite em sobremesas.

Muito valorizada desde a Antiguidade, a canela era vista como um presente dos deuses, e diz a lenda que já foi até motivo de guerras.

Usada para aquecer o organismo, a canela também serve para espantar resfriados e melhorar a circulação. Contém propriedades bactericidas e antifúngicas que inibem o crescimento de microrganismos como a *Candida albicans*, o fungo causador da candidíase. Além disso, pesquisas apontam que é um remédio promissor para o diabetes tipo 2.

Procure comprar a canela-da-índia, com sabor mais refinado que a asiática.

78

cardamomo

Adocicada, esta especiaria não é apenas um excelente aromatizante, mas também um antídoto contra uma ampla gama de afecções.

O cardamomo pode ser usado tanto em receitas doces como salgadas e é ótimo para fazer chá ou aromatizar o cafezinho. Também abre o apetite e estimula a salivação, sendo ideal para períodos de convalescença, em que o apetite fica mais fraco. Auxilia no tratamento de gengivite, dor de garganta e mau hálito – na Índia costumam-se fazer gargarejos para essas finalidades. Na medicina tradicional chinesa, o cardamomo é um remédio valioso no tratamento de distúrbios do estômago, flatulência e outros problemas digestivos.

NUTRIENTES

Vitaminas B3, C; cálcio, ferro, magnésio, manganês, fósforo, potássio, zinco

CHOCOLATE QUENTE COM CARDAMOMO

8 vagens de cardamomo
1 litro de leite de soja
2 colheres (sopa) de chocolate em pó
2 colheres (sopa) de xarope de agave
1 colher (chá) de essência natural de baunilha
50 g de chocolate amargo ralado
1 colher (chá) de cardamomo moído
açúcar a gosto

Amasse as vagens de cardamomo com a parte cega da faca e ponha em uma panela. Adicione o leite de soja, o chocolate, o xarope de agave e a baunilha e deixe ferver, mexendo sempre. Divida em 4 canecas, polvilhe com o chocolate amargo e sirva.

OVO

NUTRIENTES

Vitaminas A, B2, B3, B5, B6, B12, D, E, biotina, folato; cálcio, cromo, cobre, iodo, ferro, magnésio, manganês, fósforo, potássio, selênio, zinco; proteínas; ácidos graxos essenciais ômega-3

O ovo é um alimento extremamente versátil e repleto de nutrientes, além de ser ótimo para o cérebro.

Os ovos são nutritivos, fornecendo proteínas completas para a reparação dos tecidos, além de vitaminas A, B12 e D, ausentes em muitos alimentos. Eles também contêm gorduras ômega-3, uma vitamina do complexo B chamada colina, ambos necessários para a manutenção das atividades cerebrais, e a luteína, importante na prevenção de doenças oculares. O valor nutricional dos ovos varia de acordo com o tipo: os caipiras e os orgânicos contêm mais vitaminas e gorduras saudáveis e menos colesterol que os ovos comuns.

FRITADA DE BATATA

450 g de batatas sem casca em cubos
1 colher (sopa) de azeite
4 ovos batidos
1 colher (sopa) de shoyu
5 colheres (sopa) de salsinha
pimenta-do-reino moída na hora a gosto

Cozinhe as batatas por 15 minutos e coloque em uma frigideira untada com azeite. Misture os demais ingredientes e despeje sobre as batatas. Cozinhe em fogo baixo por 3-4 minutos. Quando o lado de baixo estiver dourado, vire a fritada ou leve ao forno para dourar o outro lado.

iogurte

Com alto teor de probióticos, organismos vivos saudáveis para a flora intestinal, o iogurte é um santo remédio para manter o sistema digestório em boa forma.

NUTRIENTES

Vitaminas A, B2, B3, B5, B12, C, D, biotina, folato; cálcio, iodo, ferro, magnésio, fósforo, potássio, selênio, zinco; proteínas

Produzido pela fermentação do leite, o iogurte contém bactérias benéficas, como os lactobacilos e os bífidos, que ajudam a manter a flora intestinal em ordem. Assim, o iogurte combate a prisão de ventre e alivia a sensação de inchaço, gases e candidíase vaginal. Ele também age em casos de diarreia por uso de antibióticos e ajuda a manter o organismo livre de invasores, fortalecendo o sistema imunológico.

SALADA DE FRUTAS COM IOGURTE

- **2 colheres (sopa) de flocos de amêndoas ou de castanhas--do-pará**
- **2 colheres (sopa) de flocos de coco**
- **1 lata pequena de abacaxi em calda drenada**
- **1 banana picada**
- **200 g de cerejas sem caroço**
- **2 colheres (sopa) de iogurte**
- **2 colheres (sopa) de melado**
- **1 colher (chá) de canela**
- **½ colher (chá) de noz-moscada moída**

Toste as amêndoas e o coco em uma frigideira por alguns minutos, coloque numa tigela e deixe esfriar. Junte as frutas e o iogurte e misture bem. Disponha em taças de sobremesa individuais, cubra com o melado, a canela e a noz-moscada e sirva.

salmão

NUTRIENTES
Vitaminas A, B1, B2, B3, B5, B6, B12, D, E, biotina, folato; cálcio, iodo, ferro, magnésio, fósforo, potássio, selênio, zinco; proteínas; ácidos graxos ômega-3

Rico em ácidos graxos essenciais, este peixe rosado é uma excelente fonte de proteína.

O salmão pertence à categoria dos peixes gordos e contém ácidos graxos ômega-3 na forma de ácido eicosapentaenoico (AEP) e docosahexaenoico (ADH). Essas substâncias oferecem vários benefícios à saúde, como o controle do colesterol e da hipertensão, o alívio dos sintomas de asma, artrite reumatoide e depressão e a melhora das afecções da pele, como eczemas e psoríase. O ADH também estimula a inteligência nas crianças. O salmão é uma valiosa fonte de vitaminas do complexo B e do mineral selênio, e o salmão selvagem é rico em astaxantina, um dos mais potentes antioxidantes já descobertos.

SALMÃO COM MOLHO DE ALCAPARRAS E TOMATE

4 filés de salmão
1 colher (sopa) de alcaparras
4 tomates-cereja picados
1 cebola picada
1 colher (sopa) de suco de limão
2 colheres (sopa) de azeite

Coloque cada filé sobre um pedaço de papel-alumínio untado. Misture os demais ingredientes em uma tigela e espalhe sobre os filés. Dobre o papel em forma de pacotinho. Ponha em uma assadeira e leve ao forno preaquecido a 200°C por 10-12 minutos, até que o peixe esteja cozido.

91

peru

A carne branca do peru é uma das proteínas animais mais magras. Presença garantida em comemorações de fim de ano, é uma alternativa mais saudável à carne vermelha ou de frango.

Mais magro, o peru é uma fonte de proteínas de qualidade superior, que o corpo necessita para o crescimento e a recuperação dos tecidos. Também contém várias vitaminas do complexo B, cruciais para manter o metabolismo e a saúde do sistema nervoso. O peru é uma rica fonte de ferro, atuante contra a anemia, e de um poderoso mineral antitumoral, o selênio, encontrado em pequenas quantidades em muitos alimentos. Prefira a carne de origem orgânica, que possui menos calorias e mais gorduras saudáveis.

NUTRIENTES
Vitaminas B2, B3, B5, B6, B12, D, biotina, folato; cálcio, iodo, ferro, magnésio, fósforo, potássio, selênio, zinco; proteínas

CHIMICHANGAS DE PERU E PIMENTÃO

2 peitos de peru em cubos
1 cebola picada
1 pimentão vermelho em tiras
1 colher (chá) de óleo de girassol
6 colheres (sopa) de molho de tomate pronto
4 tortilhas grandes
um punhado de queijo ralado

Refoque o peru, a cebola e o pimentão no óleo por 5-6 minutos. Junte o molho e aqueça. Esquente as tortilhas no forno e coloque a mistura no centro de cada uma. Enrole, coloque-as com a abertura para baixo em uma assadeira e cubra com queijo. Asse em forno preaquecido a 180°C por 10-12 minutos.

vinagre de maçã

NUTRIENTES
Vitaminas B1, B2, B6, C, E, betacaroteno; cálcio, cloro, flúor, ferro, magnésio, manganês, fósforo, potássio, selênio, silício, enxofre, zinco

Acredita-se que Hipócrates, pai da medicina moderna, tenha usado o vinagre de maçã como um elixir terapêutico para tratar seus pacientes.

Feito com o suco fermentado de maçãs, este vinagre contém mais de 90 substâncias medicinais, incluindo ácidos carbólicos, enzimas e oligominerais, que ajudam a equilibrar o pH do organismo. Seu efeito alcalinizante pode aliviar uma série de problemas, como artrite, reumatismo, dores de cabeça, queimaduras solares e até câibras. Também é usado como estimulante do emagrecimento, melhorando o metabolismo e a depuração do fígado.

MOLHO FRANCÊS

3 colheres (sopa) de vinagre de maçã
6 colheres (sopa) de azeite
4 colheres (sopa) de óleo de girassol
½ colher (chá) de mostarda granulada
½ colher (chá) de páprica
½ colher (chá) de ervas secas
1 dente de alho amassado
sal e pimenta-do-reino moída na hora a gosto

Coloque todos os ingredientes em um vidro com tampa e chacoalhe vigorosamente. Conserve na geladeira por uma semana e use para temperar saladas.

93

missô

Há vários tipos de missô disponíveis no mercado, mas as variedades mais escuras são a melhor escolha, ricas em proteínas e ácidos graxos essenciais.

O missô é uma massa de soja fermentada naturalmente, acrescida de sal e koji (um fermento natural). É um substituto saboroso para o sal e realça o sabor de sopas, molhos e refogados. É uma excelente fonte de proteínas, minerais e vitaminas do complexo B e contém as isoflavonas da soja – estrógenos vegetais associados à diminuição dos sintomas da menopausa e do risco de osteoporose e câncer de mama. Também contém o ácido dipicolônico, um composto que arrasta os metais pesados como o mercúrio e o chumbo para fora do organismo, através do trato intestinal.

NUTRIENTES
Vitaminas B1, B2, B3, B5, B6, K, betacaroteno, folato; cálcio, cobre, ferro, magnésio, manganês, fósforo, potássio, selênio, sódio, zinco; proteínas; ácidos graxos ômega-3 e ômega-6

MISSOSHIRO (SOPA DE MISSÔ)

1 colher (sopa) de óleo de gergelim
2 cebolinhas picadas
100 g de tofu defumado cortado em cubinhos
1 cenoura raspada cortada em palitos
1 colher (sopa) de missô

Aqueça o óleo em uma panela, junte a cebolinha, o tofu e a cenoura e refogue em fogo baixo por alguns minutos. Acrescente 800 ml de água e o missô e ferva por 5 minutos. Sirva com arroz integral, macarrão ou pão integral.

umeboshi

NUTRIENTES
Vitaminas B1, B2, B3; cálcio, ferro, fósforo, potássio, sódio; fibras

Esta ameixa japonesa possui uma série de propriedades curativas e auxilia o corpo a se restabelecer dos efeitos danosos do álcool.

Conservadas no sal, estas ameixas ácidas são em geral amassadas e consumidas com arroz. Tradicionalmente, têm sido usadas para ajudar a digestão e combater a fadiga, efeitos que podem estar ligados à ação alcalinizante e à capacidade de reduzir o ácido lático, que em excesso pode levar à exaustão. Além disso, o ácido pírico da umeboshi estimula o funcionamento do fígado e dos rins, ajudando-os a dissolver e eliminar toxinas do organismo, como o álcool, o que faz dessa ameixa um excelente antídoto contra a ressaca.

VINAGRETE DE UMEBOSHI

8 colheres (sopa) de óleo de gergelim
4 colheres (sopa) de vinagre de arroz
1 colher (sopa) de umeboshi

Coloque todos os ingredientes em um vidro com tampa e chacoalhe bem. Conserve na geladeira e use para temperar saladas.

95

kuzu

Além de ser um espessante natural, o kuzu é um ótimo remédio contra resfriados, dores de cabeça e todos os tipos de distúrbios digestivos.

NUTRIENTES
Cálcio, ferro, fósforo, potássio; carboidratos

Feito com a raiz de um tipo de videira japonesa, a principal função culinária do kuzu é engrossar alimentos como sopas, ensopados e molhos. Além do uso culinário, o kuzu tem sido valorizado na medicina tradicional chinesa e japonesa há centenas de anos. É um remédio clássico para afastar resfriados e aliviar a irritação das mucosas, cólicas intestinais, cãibras e diarreias. Também é utilizado como uma alternativa à aspirina no tratamento de dores de cabeça, pois age no cérebro, alterando a dinâmica dos neurotransmissores.

CALDO VEGETARIANO

2 colheres (sopa) de kuzu
1 colher (sopa) de azeite
1 colher (chá) de missô
½ colher (chá) de caldo de legumes em pó
1 colher (chá) de shoyu ou tamari

Coloque o kuzu e 4 colheres (sopa) de água fria em uma tigela e misture até dissolver. Reserve. Ponha os demais ingredientes e 500 ml de água em uma panela e deixe ferver. Abaixe o fogo e misture o kuzu dissolvido. Continue fervendo em fogo baixo até que o líquido engrosse. Sirva quente ou frio.

96

alfarroba

NUTRIENTES
Vitaminas B1, B2, B3, B6, C, E, folato, betacaroteno; cálcio, cobre, ferro, magnésio, manganês, fósforo, potássio, selênio, silício, zinco; fibras; proteínas; carboidratos

Para todos os que desejam evitar o chocolate, a alfarroba é uma alternativa saborosa, sem cafeína e de baixo teor calórico e de gorduras.

A alfarroba é uma semente obtida das vagens da alfarrobeira, e seu sabor é similar ao do chocolate, tanto que é usada para substituí-lo em bolos, biscoitos e sobremesas. Os taninos presentes exercem um efeito adstringente no intestino, tornando-a indicada para combater diarreia em adultos e crianças. Ela também é recomendada para baixar o colesterol por sua alta concentração de fibras.

PICOLÉS DE BANANA E ALFARROBA

4 bananas
4 palitos de sorvete
200 g de alfarroba em barra
55 g de nozes moídas

Descasque as bananas e corte-as ao meio. Insira um palito em cada metade, coloque em uma assadeira e leve ao freezer por cerca de 2 horas. Derreta a alfarroba e mergulhe o picolé de banana nessa calda até o envolver completamente. Passe nas nozes e sirva gelado.

Ao contrário do chocolate, tóxico para a maioria dos animais, os petiscos à base de alfarroba são seguros aos animais de estimação.

97

chocolate amargo

O chocolate é um dos alimentos mais amados do mundo. O amargo, especialmente, traz vários benefícios à saúde.

Os chocólatras vão se deliciar ao saber que sua guloseima preferida faz bem à saúde. Estudos apontam que o amargo, com maior teor de cacau, contém epicatequina e ácido gálico, antioxidantes com propriedades defensoras do coração e antitumorais. O chocolate amargo também contém feniletilamina, um composto análogo à anfetamina que age como antidepressivo, e a teobromina, um leve estimulante. Para obter esses efeitos benéficos, recomenda-se um quadradinho regularmente.

NUTRIENTES

Vitaminas B3, B5, E, betacaroteno, biotina, folato; cálcio, cobre, ferro, iodo, magnésio, manganês, fósforo, potássio, selênio, zinco; fibras; proteínas; carboidratos

MARZIPÃ DE CHOCOLATE

175 g de amêndoas moídas
3 colheres (sopa) de glicose de milho
1 colher (sopa) de essência natural de amêndoas
100 g de chocolate amargo

Misture as amêndoas moídas, a glicose de milho e a essência, formando uma pasta espessa. Com as mãos, faça pequenas bolas com a pasta (rende cerca de 14) e reserve. Quebre a barra de chocolate em pedaços e derreta em banho-maria. Mergulhe as bolas no chocolate derretido, coloque-as em uma assadeira forrada com papel-manteiga e deixe endurecer.

98

mel

NUTRIENTES
Vitaminas B3, B5, B6, biotina, folato; cálcio, magnésio, manganês, ferro, fósforo, potássio, selênio, zinco; carboidratos

REFRESCO DE AMÊNDOAS E MEL

500 ml de leite de arroz
200 g de amêndoas
2 colheres (sopa) de mel
1 colher (sopa) de essência natural de baunilha

Bata o leite de arroz e as amêndoas no liquidificador com 300 ml de água. Despeje o líquido em uma jarra. Junte o mel e a baunilha, mexa bem e sirva gelado.

Além de ser um adoçante natural, o mel tem várias propriedades maravilhosas, como substâncias cicatrizantes.

Produzido pelas abelhas a partir do néctar das flores, o mel é um adoçante natural e pode substituir perfeitamente o açúcar. Como fonte energética, melhora a performance esportiva, fornecendo um estímulo extra tanto durante como após o exercício.

PODER ANTIOXIDANTE

Com vitaminas, minerais e aminoácidos, o mel melhora a ação dos antioxidantes protetores no sangue quando consumido com regularidade. Além disso, uma colherada de mel com limão em água morna pode aliviar dores de garganta e os sintomas de gripes e resfriados.

COMBATE SUPERBACTÉRIAS

Há um tipo de mel específico da Nova Zelândia, chamado manuka, que tem propriedades antibióticas, inibindo o crescimento de bactérias como a *Helicobacter pylori*, associada à maioria das úlceras duodenais. A atividade bactericida desse mel pode ser uma arma poderosa no combate a superbactérias como a *Staphylococcus aureus*, que é resistente à meticilina e, em alguns casos, também se tornou resistente a antibióticos convencionais.

O mel de manuka também pode ser usado topicamente para cicatrizar ferimentos na pele, cortes e queimaduras, reduzindo a inflamação e promovendo a regeneração dos tecidos. Além disso, por suas propriedades antifúngicas, tem sido usado com sucesso no tratamento de frieiras e outras infecções por fungos.

BAGELS DE BANANA, NOZES E MEL

4 bagels integrais
6 colheres (sopa) de pasta de amendoim
um punhado de lascas de amendoim
4 bananas picadas
4 colheres (chá) de mel
½ colher (chá) de canela em pó

Corte os bagels ao meio e espalhe a pasta de amendoim com as lascas sobre cada metade. Reserve. Amasse as bananas, misture com o mel e a canela e espalhe sobre a pasta de amendoim. Leve os bagels ao forno por alguns minutos com a cobertura para cima e sirva imediatamente.

melaço

NUTRIENTES
Vitaminas B1, B2, B3, B5, B6, folato; cálcio, cromo, cobre, ferro, magnésio, manganês, fósforo, potássio, selênio, zinco; carboidratos

FEIJÃO COZIDO COM TOMATE

200 g de feijão-rajado
1 colher (chá) de alho em pó
1 colher (chá) de sementes de mostarda moídas
2 colheres (sopa) de azeite
1 colher (chá) de orégano
2 colheres (sopa) de purê de tomate
3 folhas de louro
2 colheres (chá) de melaço

Demolhe o feijão de um dia para o outro. Escorra e cozinhe numa panela com água por 2 horas, até amolecer. Escorra. Refogue o alho e a mostarda no azeite. Junte 500 ml de água e os ingredientes restantes, inclusive o feijão. Ferva tampado por 15 minutos.

Este xarope escuro e denso, oriundo da cana, ajuda a nutrir as células vermelhas do sangue e aumenta a energia.

O melaço é um produto intermediário do processo de fabricação do açúcar. É um adoçante encorpado, de sabor levemente amargo, que pode ser adicionado a massas de biscoitos, molhos de tomate e bolos. Em geral, é recomendado como remédio contra a anemia: uma colher de sobremesa fornece quase ¼ das necessidades diárias de ferro de um adulto. É também uma ótima fonte de outros minerais, como o cálcio, necessário para a saúde dos ossos, e o manganês, bom para os nervos. Pode ser consumido, ainda, como suplemento alimentar.

xilitol

Com a aparência e o sabor do açúcar branco, o xilitol não provoca cáries, prevenindo a deterioração dos dentes.

Extraído de fontes de celulose, como a casca de certas árvores, o xilitol é um tipo de carboidrato que pode ser usado no lugar do açúcar, na mesma proporção. Porém, em virtude de seu baixo índice glicêmico, é indicado para diabéticos e pessoas com problemas na metabolização da glicose. Ao contrário de outros adoçantes, inibe a formação de cáries, reduzindo a secreção de placas ácidas, especialmente em pessoas que mascam gomas ou usam dentifrícios à base de xilitol.

NUTRIENTES
Carboidratos

BROWNIES DE ALFARROBA

100 g de margarina
100 g de xilitol
200 g de farinha de arroz
4 colheres (sopa) de alfarroba em pó
2 colheres (sopa) de araruta
1 colher (chá) de fermento em pó
um punhado de nozes
200 ml de leite de arroz
1 colher (chá) de essência natural de baunilha

Faça um creme com o xilitol e a margarina, adicione a farinha de arroz, a alfarroba, a araruta e o fermento e misture bem. Acrescente os demais ingredientes e misture. Despeje numa assadeira untada e asse em forno preaquecido a 180°C por 30 minutos.

orientação para doenças

AFECÇÕES DA PELE

pepino (p. 12), tomate (p. 13), abacate (p. 28), azeitona e azeite (p. 29), cenoura (p. 33), wakame (p. 47), açaí (p. 63), goiaba (p. 67), papaia (p. 71), nozes (p. 88), linhaça (p. 90), semente de abóbora (p. 92), semente de girassol (p. 94), salmão (p. 110).

ANEMIA

agrião (p. 25), tupinambo (p. 35), alga kombu (p. 44), alga nori (p. 46), alga dulse (p. 48), quinua (p. 79), amaranto (p. 80), grão-de-bico (p. 83), lentilha (p. 84), alfafa (p. 95), peru (p. 111), melaço (p. 120).

ARTRITE

salsão (p. 16), radicchio (p. 23), azeitona e azeite (p. 29), alga kombu (p. 44), cereja (p. 54), framboesa (p. 61), goji (p. 62), açaí (p. 63), romã (p. 68), papaia (p. 71), abacaxi (p. 72), milheto (p. 78), nozes (p. 88), linhaça (p. 90), salsinha (p. 96), cúrcuma (p. 103), gengibre (p. 104), salmão (p. 110), vinagre de maçã (p. 112), kuzu (p. 115).

ASMA

erva-doce (p. 15), radicchio (p. 23), batata-doce (p. 39), abóbora-menina (p. 42), alga nori (p. 46), framboesa (p. 61), açaí (p. 63), nozes (p. 88), linhaça (p. 90), hortelã (p. 101), salmão (p. 110).

CÂNCER

pepino (p. 12), tomate (p. 13), pimentão vermelho (p. 14), erva-doce (p. 15), salsão (p. 16), alho-poró (p. 18), berinjela (p. 19), aspargo (p. 20), alcachofra (p. 21), alface (p. 22), radicchio (p. 23), espinafre (p. 24), agrião (p. 25), shitake (p. 27), azeitona e azeite (p. 29), repolho (p. 30), brócolis (p. 32), cenoura (p. 33), beterraba (p. 34), tupinambo (p. 35), nabo (p. 36), batata (p. 38), batata-doce (p. 39), cará (p. 40), abóbora-menina (p. 42), alga kombu (p. 44), hijiki (p. 49), maçã (p. 50), uva (p. 53), ameixa seca (p. 58), mirtilo (p. 59), cranberry (p. 60), framboesa (p. 61), goji (p. 62), açaí (p. 63), mexerica (p. 64), grapefruit (p. 65), limão-siciliano (p. 66), romã (p. 68), aveia (p. 74), amêndoa (p. 86),

nozes (p. 88), linhaça (p. 90), alfalfa (p. 95), alho (p. 98), dill (p. 100), mostarda (p. 102), cúrcuma (p. 103), peru (p. 111), missô (p. 113), chocolate amargo (p. 117).

CANDIDÍASE

alho (p. 98), gengibre (p. 104), canela (p. 106), iogurte (p. 109).

DEPRESSÃO LEVE

banana (p. 52), goji (p. 62), arroz integral (p. 76), amêndoa (p. 86), nozes (p. 88), ovo (p. 108), salmão (p. 110), chocolate amargo (p. 117).

DIABETES

alho-poró (p. 18), quiabo (p. 26), shitake (p. 27), abacate (p. 28), tupinambo (p. 35), batata-doce (p. 39), cará (p. 40), hijiki (p. 49), mirtilo (p. 59), goiaba (p. 67), aveia (p. 74), cevadinha (p. 75), arroz integral (p. 76), milheto (p. 78), quinua (p. 79), amaranto (p. 80), trigo-sarraceno (p. 81), grão-de-bico (p. 83), lentilha (p. 84), canela (p. 106), peru (p. 111), xilitol (p. 121).

DIARREIA

banana (p. 52), tâmara (p. 56), goiaba (p. 67), cevadinha (p. 75), coco (p. 89), iogurte (p. 109), kuzu (p. 115), alfarroba (p. 116).

DOENÇAS CARDÍACAS

tomate (p. 13), erva-doce (p. 15), salsão (p. 16), alho-poró (p. 18), aspargo (p. 20), alcachofra (p. 21), espinafre (p. 24), agrião (p. 25), quiabo (p. 26), shitake (p. 27), abacate (p. 28), azeitona e azeite (p. 29), cenoura (p. 33), ágar-ágar (p. 43), wakame (p. 47), hijiki (p. 49), maçã (p. 50), pera (p. 51), uva (p. 53), mirtilo (p. 59), framboesa (p. 61), açaí (p. 63), mexerica (p. 64), grapefruit (p. 65), romã (p. 68), kiwi (p. 70), caqui (p. 73), aveia (p. 74), cevadinha (p. 75), arroz integral (p. 76), milheto (p. 78), quinua (p. 79), amaranto (p. 80), trigo-sarraceno (p. 81), grão-de-bico (p. 83), lentilha (p. 84), soja (p. 85), amêndoa (p. 86), macadâmia (p. 87), nozes (p. 88), linhaça (p. 90), gergelim (p. 93), semente de girassol (p. 94), alho (p. 98), cúrcuma (p. 103), gengibre (p. 104), salmão (p. 110), alfarroba (p. 116), chocolate amargo (p. 117).

DOENÇAS OCULARES

aspargo (p. 20), espinafre (p. 24), agrião (p. 25), brócolis (p. 32), cenoura (p. 33), nori (p. 46), mirtilo (p. 59), goji (p. 62), kiwi (p. 70), ovo (p. 108).

FADIGA

pepino (p. 12), salsão (p. 16), shitake (p. 27), inhame (p. 37), batata (p. 38), batata-doce (p. 39), cará (p. 40), abóbora-menina (p. 42), banana (p. 52), tâmara (p. 56), ameixa seca (p. 58), aveia (p. 74), cevadinha (p. 75), arroz integral (p. 76), milheto (p. 78), quinua (p. 79), amaranto (p. 80), trigo-sarraceno (p. 81), grão-de-bico (p. 83), lentilha (p. 84), coco (p. 89), umeboshi (p. 114), chocolate amargo (p. 117), mel (p. 118), melaço de cana (p. 120).

GRIPE

pimentão vermelho (p. 14), berinjela (p. 19), alface (p. 22), agrião (p. 25), shitake (p. 27), brócolis (p. 32), raiz-forte (p. 41), mirtilo (p. 59), framboesa (p. 61), goji (p. 62), mexerica (p. 64), grapefruit (p. 65), limão-siciliano (p. 66), romã (p. 68), alho (p. 98), gengibre (p. 104), mel (p. 118).

HIPERTENSÃO

salsão (p. 16), alho-poró (p. 18), shitake (p. 27), azeitona e azeite (p. 29), batata (p. 38), alga kombu (p. 44), wakame (p. 47), dulse (p. 48), banana (p. 52), uva (p. 53), açaí (p. 63), romã (p. 68), amaranto (p. 80), trigo-sarraceno (p. 81), linhaça (p. 90), gergelim (p. 93), semente de girassol (p. 94), salsinha (p. 96), alho (p. 98), salmão (p. 110).

HIPOTIREOIDISMO

alga kombu (p. 44), nori (p. 46), wakame (p. 47), dulse (p. 48), hijiki (p. 49).

INFECÇÕES URINÁRIAS

raiz-forte (p. 41), mirtilo (p. 59), cranberry (p. 60), framboesa (p. 61), cevadinha (p. 75), feijão-azuqui (p. 82), alho (p. 98).

INFLAMAÇÃO DA GENGIVA

cranberry (p. 60), romã (p. 68), sálvia (p. 97), cardamomo (p. 107), iogurte (p. 109), xilitol (p. 121).

MÁ DIGESTÃO

alcachofra (p. 21), radicchio (p. 23), nabo (p. 36), raiz-forte (p. 41), alga kombu (p. 44), papaia (p. 71), abacaxi (p. 72), hortelã (p. 101), gengibre (p. 104), iogurte (p. 109), vinagre de maçã (p. 112), umeboshi (p. 114).

MENOPAUSA

erva-doce (p. 15), soja (p. 85), linhaça (p. 90), alfafa (p. 95), sálvia (p. 97), missô (p. 113).

OSTEOPOROSE

espinafre (p. 24), agrião (p. 25),

brócolis (p. 32), alga kombu (p. 44), nori (p. 46), wakame (p. 47), hijiki (p. 49), figo (p. 57), abacaxi (p. 72), quinua (p. 79), amaranto (p. 80), soja (p. 85), gergelim (p. 93), iogurte (p. 109), missô (p. 113).

PRISÃO DE VENTRE

alcachofra (p. 21), quiabo (p. 26), repolho (p. 30), beterraba (p. 34), ágar-ágar (p. 43), maçã (p. 50), pera (p. 51), uva (p. 53), figo (p. 57), ameixa seca (p. 58), framboesa (p. 61), açaí (p. 63), grapefruit (p. 65), kiwi (p. 70), aveia (p. 74), cevadinha (p. 75), arroz integral (p. 76), milheto (p. 78), quinua (p. 79), amaranto (p. 80), trigo-sarraceno (p. 81), grão-de-bico (p. 83), lentilha (p. 84), linhaça (p. 90), semente de mostarda (p. 102), iogurte (p. 109).

RESFRIADO COMUM

tomate (p. 13), pimentão vermelho (p. 14), berinjela (p. 19), alface (p. 22), agrião (p. 25), shitake (p. 27), brócolis (p. 32), cenoura (p. 33), batata (p. 38), batata-doce (p. 39), raiz-forte (p. 41), nori (p. 46), mirtilo (p. 59), framboesa (p. 61), goji (p. 62), mexerica (p. 64), grapefruit (p. 65), limão-siciliano (p. 66), goiaba (p. 67), romã (p. 68), alho (p. 98), gengibre (p. 104), canela (p. 106), kuzu (p. 115), mel (p. 118).

RETENÇÃO DE LÍQUIDO

pepino (p. 12), tomate (p. 13), salsão (p. 16), aspargo (p. 20), alface (p. 22), tupinambo (p. 35), quiabo (p. 37), batata (p. 38), batata-doce (p. 39), cará (p. 40), raiz-forte (p. 41), banana (p. 52), tâmara (p. 56), cevadinha (p. 75), feijão-azuqui (p. 82), salsinha (p. 96).

REUMATISMO

salsão (p. 16), alga kombu (p. 44), cereja (p. 54), milheto (p. 78), salsinha (p. 96), sálvia (p. 97), gengibre (p. 104), vinagre de maçã (p. 112).

SÍNDROME DO INTESTINO IRRITÁVEL

erva-doce (p. 15), alcachofra (p. 21), quiabo (p. 26), arroz integral (p. 76), milheto (p. 78), linhaça (p. 90), dill (p. 100), hortelã (p. 101), gengibre (p. 104), cardamomo (p. 107), iogurte (p. 109), kuzu (p. 115).

TOSSE

cenoura (p. 33), raiz-forte (p. 41), limão-siciliano (p. 66), sálvia (p. 97), gengibre (p. 104), mel (p. 118).

glossário

Ácido algínico Polissacarídeo presente em várias espécies de alga marinha que tem a capacidade de remover metais pesados do organismo.

Ácido cafeico Antioxidante presente em muitas frutas, legumes e ervas.

Ácido elágico Polifenol antioxidante com propriedades anticancerígenas encontrado em muitas frutas e vegetais.

Alicina Composto presente no alho com propriedades bactericidas e antifúngicas.

Antioxidantes Compostos abundantes em frutas e legumes que inibem os efeitos danosos dos radicais livres.

Antocianinas Pigmentos coloridos presentes em vários tipos de fruta e legume com poderosa ação antioxidante.

Betacriptoxantina Carotenoide com atividade antioxidante encontrado na abóbora-menina, na papaia e na melancia.

Betaglucano Fibra solúvel com várias propriedades benéficas encontrada na cevadinha e na aveia.

Betassitosterol Fitoesterol que reduz as taxas de colesterol, encontrado em muitos alimentos.

Bromelina Enzima do abacaxi que auxilia a digestão e tem efeito anti-inflamatório.

Carotenoides Pigmentos coloridos de frutas e vegetais que funcionam como antioxidantes. Alguns são convertidos em vitamina A no organismo.

Carvona Antiespasmódico natural encontrado na especiaria dill.

Dialilsulfito Composto sulfúrico com propriedades anticancerígenas encontrado no alho.

Diindolilmetano Composto presente nos brócolis e em outros vegetais crucíferos com propriedades anticancerígenas, antivirais e bactericidas.

Eletrólito Substância que contém íons livres, como sódio, potássio, cálcio, magnésio e cloro.

Esperidina Flavonoide antioxidante presente em frutas cítricas com propriedades antitumorais e protetoras do coração.

Esqualeno Composto presente no amaranto, na fibra de arroz, no gérmen de trigo e nas azeitonas. Ajuda a controlar a hipertensão e os níveis de colesterol.

Feniletilamina Antidepressivo natural encontrado no chocolate.

Fitoesterol Composto vegetal que ajuda a abaixar os níveis de colesterol.

Fitoquímico Composto vegetal natural com ação antioxidante.

Flavonoides Termo genérico utilizado para uma determinada classe de antioxidantes presentes em vários alimentos.

Fucoidina Polissacarídeo presente nas algas marinhas que pode destruir células tumorais.

Glucosinolatos Compostos antitumorais encontrados no brócolis, repolho, couve-de--bruxelas e sementes de mostarda.

Homocisteína Aminoácido presente no sangue cujos altos índices estão ligados ao risco de doenças cardíacas e derrames.

Inulina Tipo de carboidrato que não eleva a glicemia e ajuda no controle do diabetes.

Isoflavonas Compostos fitoestrógenos encontrados na soja e em outros alimentos.

Kampferol Flavonoide antioxidante presente na erva--doce, no brócolis, no grapefruit e em outras fontes vegetais.

Licopeno Antoxidante carotenoide encontrado em alimentos vermelhos como o tomate, com propriedades anticancerígenas.

Limoneno Composto presente nas frutas cítricas que ajuda a combater o câncer.

Luteína Carotenoide antioxidante associado à saúde dos olhos.

Melatonina Potente antioxidante produzido pela glândula pineal, que ajuda a regular o sono.

Pectato de cálcio Tipo de fibra que deixa frutas e legumes crocantes e pode abaixar o colesterol.

Pectina Tipo de fibra solúvel de frutas e vegetais que abaixa o colesterol.

Proantocianidinas Classe de flavoinoides com ação antioxidante, presentes nas frutas vermelhas. Ajuda a cuidar da pele e dos vasos sanguíneos.

Pterostilbeno Composto presente nos mirtilos e uvas que abaixa o colesterol e possui atividade antitumoral, além de retardar a demência senil.

Quercetina Flavonoide anti--inflamatório abundante nas maçãs e cebolas.

Radicais livres Moléculas altamente reativas, ligadas a doenças degenerativas e ao processo de envelhecimento.

Resveratrol Antioxidante presente nas uvas e mirtilos, com propriedades anticancerígenas, anti--inflamatórias e antivirais.

Rutina Flavonoide antioxidante que ajuda a fortalecer os vasos sanguíneos.

Suforafano Composto antitumoral obtido de vegetais crucíferos, como brócolis, repolho e couve-de-bruxelas.

Tangeritina Antioxidante que abaixa o colesterol, presente nas mexericas e outras frutas cítricas.

Zeaxantina Antioxidante carotenoide associado à saúde ocular.

índice